PROPRIEDADE INTELECTUAL:
Plataforma para o Desenvolvimento

Instituto Dannemann Siemsen
de Estudos Jurídicos e Técnicos

PROPRIEDADE INTELECTUAL:

Plataforma para o Desenvolvimento

Organizadores:

Attilio José Ventura Gorini • Gert Egon Dannemann • Henrique Steuer Imbassahy de Mello • Ivan Bacellar Ahlert • José Henrique Vasi Werner • Maria Carmen de Souza Brito • Rafaela Borges Walter Carneiro • Raul Hey • Rodrigo Borges Carneiro

RENOVAR
Rio de Janeiro • São Paulo • Recife
2009

Todos os direitos reservados à
LIVRARIA E EDITORA RENOVAR LTDA.
MATRIZ: Rua da Assembléia, 10/2.421 - Centro - RJ
CEP: 20011-901 - Tel.: (21) 2531-2205 - Fax: (21) 2531-2135
FILIAL RJ: Tels.: (21) 2589-1863 / 2580-8596 - Fax: (21) 2589-1962
FILIAL SP: Tel.: (11) 3104-9951 - Fax: (11) 3105-0359
FILIAL PE: Tel.: (81) 3223-4988 - Fax: (81) 3223-1176
LIVRARIA CENTRO (RJ): Tels.: (21) 2531-1316 / 2531-1338 - Fax: (21) 2531-1873
LIVRARIA IPANEMA (RJ): Tel: (21) 2287-4080 - Fax: (21) 2287-4888

www.editarenovar.com.br   renovar@editarenovar.com.br
                           SAC: 0800-221863
© 2009 by Livraria Editora Renovar Ltda.

Conselho Editorial:

Arnaldo Lopes Süssekind — Presidente
Caio Tácito (in memoriam)
Carlos Alberto Menezes Direito
Celso de Albuquerque Mello (in memoriam)
Luiz Emygdio F. da Rosa Jr.
Nadia de Araujo
Ricardo Lobo Torres
Ricardo Pereira Lira

Revisão Tipográfica: Carlos Augusto Tebaldi

Capa: Sheila Neves

Editoração Eletrônica: TopTextos Edições Gráficas Ltda.

Nº 0997

CIP-Brasil. Catalogação-na-fonte
Sindicato Nacional dos Editores de Livros, RJ.

I273p	IDS — Instituto Dannemann Siemsen de Estudos Jurídicos e Técnicos Propriedade intelectual: plataforma para o desenvolvimento / IDS — Instituto Dannemann Siemsen de Estudos Jurídicos e Técnicos — Rio de Janeiro: Renovar, 2009. 230 p.; 21cm. ISBN 978-857147-700-1 1. Propriedade intelectual. — I. Título. CDD — 346.810922

Proibida a reprodução (Lei 9.610/98)
Impresso no Brasil
Printed in Brazil

Colaboradores

Antonio Carlos Esteves Torres — Desembargador do Tribunal de Justiça do Estado do Rio de Janeiro.

Beto Filho — Presidente da ABF — Associação Brasileira de Franchising/Seccional do Rio de Janeiro.

Cláudio Lins de Vasconcelos — Gerente Jurídico da Fundação Roberto Marinho, é formado pela Universidade Federal da Bahia, mestre em Direito Internacional pela Universidade de Notre Dame (EUA) e doutorando em Direito Internacional pela Universidade do Estado do Rio de Janeiro.

Eduardo Machado — Assessor Técnico de Relações Institucionais da Agência de Inovação — Inova Unicamp, Campinas, São Paulo.

Istvan Kasznar — Economista, Administrador de Empresas Privadas e Públicas, é Ph.D. em *Business Administration* pela Universidade da Califórnia — CCU; Presidente da IBCI — *Institutional Business Consultoria Internacional*; Professor Emérito da ECEME — Escola de Comando do Estado-Maior do Exército; Professor Titular da Fundação Getulio Vargas, na EBAPE; Secretário Executivo de Órgãos de Representação Estratégica e Internacional — como o Conselho Brasil-Japão para o Século XXI; e especialista em Cálculo Econômico da Propriedade Intelectual. e-mail: istvan@ibci.com.br

João Carlos de Camargo Eboli — Advogado, Assessor Jurídico da SOCINPRO — Sociedade Brasileira de Administração e Proteção de Direitos Intelectuais; Presidente da Comissão Permanente de Direito de Propriedade Intelectual do IAB — Instituto dos Advogados Brasileiros. Membro da CODEPIN — Comissão Estadual de Defesa da Propriedade Intelectual do Estado do Rio de Janeiro.

José de Oliveira Ascensão — Professor Catedrático da Faculdade de Direito de Lisboa.

Joseph Straus — Professor Dr. Dres. h.c. Joseph Straus, Diretor do Instituto Max Planck de Propriedade Intelectual, Direito da Concorrência e Tributário de Munique; Presidente do Conselho de Administração do Centro Jurídico de Propriedade Intelectual de Munique; Marshall B. Coyne Professor Visitante de Direito Internacional e Comparado, Faculdade de Direito da George Washington University, Washington DC.

Liliane do Espírito Santo Roriz de Almeida — Desembargadora Federal do Tribunal Regional Federal, 2ª Região, Rio de Janeiro e Espírito Santo.

Renata K. Franco Morassutti — Gerente de Propriedade Intelectual. Natura Cosméticos S.A., São Paulo — renatafranco@natura.net

Roberto A. Lotufo — Diretor Executivo da Agência de Inovação — Inova Unicamp. Campinas, São Paulo.

Rodrigo Guerra M. e Silva — Coordenador de Pesquisa, Desenvolvimento e Inovação — PDI, da Cristália Produtos Químicos e Farmacêuticos Ltda. Mestrado do Departamento de Políticas Científicas e Tecnológicas — Unicamp.

Prefácio

Em reunião que os conselheiros realizam mensalmente no IDS surgiu a idéia, de pronto aprovada por todos os presentes, de convidar profissionais envolvidos com a propriedade intelectual nos mais diversos setores a escrever um artigo relatando sua visão sobre a importância da propriedade intelectual para o desenvolvimento e suas experiências com o sistema.

Para aqueles que "respiram" propriedade intelectual, essa constatação parece óbvia, mas na realidade o sistema de propriedade intelectual e sua importância para o desenvolvimento nunca foram tão debatidos quanto nos últimos dez anos.

Apenas para ilustrar o ponto, no momento em que o livro é publicado, segundo semestre de 2008, a discussão deverá se acirrar por conta do fracasso das negociações da Rodada Doha no âmbito da OMC.

Ao que indicam as análises publicadas nos jornais, com a derrocada das tentativas de reavivar as negociações comerciais internacionais multilaterais, os Estados devem voltar suas baterias para a conclusão de acordos bilaterais de comércio.

Muitos desses acordos bilaterais que têm sido concluídos nos últimos anos incluem polêmicos capítulos sobre direitos e obrigações na seara da propriedade intelectual.

Ainda na pauta de discussão nacional temos assuntos igualmente delicados, como o projeto de retaliação cruzada aos EUA centrado nos direitos de propriedade industrial; eventual reforma da lei de direitos autorais visando à sua "flexibilização"; o instituto da anuência prévia da ANVISA, no caso de patentes de fármacos, e as alterações necessárias na lei de propriedade industrial para a adoção do Protocolo de Madri.

Temos a certeza de que as experiências e a visão desse incrível time de colaboradores que o IDS conseguiu reunir poderá contribuir efetivamente para que todas essas discussões sobre a importância da propriedade intelectual que estão sendo travadas no país mantenham um enfoque positivo, levando em conta os enormes benefícios que o sistema de propriedade intelectual pode trazer para o Brasil.

Como primeiro exemplo temos o artigo do Professor Dr. Dres. h.c. Joseph Straus, Diretor do Instituto Max Planck de Propriedade Intelectual, Direito da Concorrência e Tributário de Munique, que retrata as transformações econômicas ocorridas em países emergentes como a Índia e a China, e demonstra que os benefícios da nova ordem estabelecida pela OMC estão intimamente ligados ao TRIPS como a um dos seus principais pilares. Aponta, ainda, para o fato de que uma diminuição das conquistas e dos direitos através de um "TRIPS — minus" ou a desvinculação da proteção da propriedade intelectual ao desenvolvimento do comércio internacional podem ter um efeito "boomerang", gerando isolamento e protecionismo em detrimento dos países em desenvolvimento.

O renomado professor português José de Oliveira Ascensão alerta, com muita acuidade, que seria apressado concluir que o direito de propriedade industrial não interessaria aos países em desenvolvimento e comenta que pode interessar, sim, mas de modo diferente, citando como exemplo emblemático o caso da proteção das indicações geográficas. De fato, na seara das indicações geográficas os países em desenvolvimento têm um potencial enorme de exploração, na medida em que muitos são os produtos que podem ter um incremento de valor, se a questão da definição das indicações geográficas for incentivada. Neste sentido, o Brasil já conta com iniciativas concretas, como é o caso do Vale dos Vinhedos.

Beto Filho, presidente da Associação Brasileira de Franchising do Rio de Janeiro, testemunha a importância e a dimensão que esse sistema de distribuição ancorada em licenciamento de um conjunto de direitos de propriedade intelectual e "know-how" alcançou no Brasil, possibilitando a milhares de empreendedores nacionais desenvolver negócios e gerar empregos. O sucesso e a maturidade do sistema já começam a incentivar as empresas nacionais a investir na proteção de seus direitos de propriedade intelectual com o objetivo de alçar vôos no mercado internacional, o que somente será possível na medida em que o Brasil continue a manter um comprometimento com a proteção internacional, da propriedade intelectual.

Talvez dentre todos os artigos deste livro o mais inovador em sua abordagem seja o de Cláudio Lins de Vasconcelos, da Fundação Roberto Marinho, que reconhece que a intangibilização da economia é uma tendência irreversível e propõe que o Terceiro Setor se adapte a essa realidade, rompendo com uma tradição de desconfiança com o sistema de Propriedade Intelectual de origem capitalista. Argumenta ser perfeitamente possível uma transposição para o Terceiro Setor de institutos de propriedade intelectual, tal como a franquia, em sua modalidade de franquia social.

Duas contribuições valiosas foram prestadas por julgadores com intimidade no trato de disputas na área de propriedade intelectual.

O ilustre Desembargador Antonio Carlos Esteves Torres, do Tribunal de Justiça do Rio de Janeiro, lembrou de um dos mais notáveis inventores brasileiros, Santos Dumont, e da não menos importante genialidade dos povos indígenas nativos que montaram um aparelho de fibra, chamado tipiti, cuja utilidade era extrair o veneno da mandioca, preparando-a para o consumo.

Já a ilustre Desembargadora Federal Liliane do Espírito Santo Roriz de Almeida, do Tribunal Regional Federal da 2ª. Região, demonstrou que cabe ao Poder Judiciário dar sua parcela de contribuição para diminuir a disparidade da disputa pelo capital estrangeiro com uma prestação jurisdicional ágil que fortaleça o princípio da segurança jurídica. Por meio de estatísticas, ela comprova que o estabelecimento da justiça federal especializada na seara da propriedade industrial já trouxe resultados e reduziu sensivelmente o prazo de tramitação das demandas nessa área, que é por demais sensível a grandes delongas nos julgamentos.

Notável também é o testemunho de Rodrigo Guerra M. e Silva, de Eduardo Machado e de Roberto A. Lotufo sobre o sucesso do programa de inovação e gestão tecnológica desenvolvido pela Unicamp, com a criação, em 2003, da Inova Unicamp, que deve servir de modelo para outras universidades no Brasil. Apenas para exemplificar, os autores demonstram os seguintes números expressivos:

> "O ano de 2004 encerrou-se com um histórico de 341 patentes depositadas pela Unicamp e 15 contratos de licenciamento de 29 patentes, sendo os totais correspondentes para esse ano, respectivamente, de 51 depósitos, 10 licenciamentos e 22 patentes licenciadas. Os números finais de 2005 acrescentaram aos totais anteriores 65 patentes depositadas, tendo sido 18 licenciadas por meio de contratos com 8 diferentes empresas. Em 2006, outras 55 patentes foram depositadas e assinados dois contratos de licenciamento, envolvendo duas patentes. Até o final de 2006, a Unicamp totalizou 12 tecnologias que mereceram o esforço de depósito internacional. A grande maioria utilizou o PCT para iniciar este processo e o número de patentes internacionais correspondentes cresce a cada dia."

Da lavra de João Carlos Eboli, experiente advogado autoralista, temos um importante alerta de que o interesse de acesso aos bens culturais não deve ser satisfeito em detrimento dos legítimos direitos dos autores das obras que merecem o reconhecimento e o benefício econômico decorrente de sua criação, sob pena de desestimular a criação futura.

A importância da propriedade intelectual se reflete cada vez mais no balanço das empresas e, nesse ponto, o Professor Istvan Kasznar traça um detalhado panorama dos métodos mais consagrados de avaliação econômica desses ativos.

Por fim, é esclarecedor notar a importância que o tratamento da propriedade intelectual recebe em uma das empresas mais inovadoras e de sucesso no Brasil, a Natura. Renata K. Franco Morassutti, gerente de propriedade industrial da Natura Cosméticos S.A, explica que, ao lado do canal de vendas, a marca Natura e as inovações formam os pilares do modelo comercial da empresa e demonstra, de forma inequívoca, que a proteção desses ativos significa a proteção do próprio negócio.

Em resumo, balizados nas lições e nos artigos que compõem este livro, queremos demonstrar que o sistema de propriedade industrial pode ser utilizado a favor do desenvolvimento.

Acreditamos que chegou a hora e a vez de o Brasil mostrar ao mundo a força de sua criatividade e usar o sistema a seu favor, como bem disse o mago publicitário Nizan Guanaes no IV Congresso Brasileiro de Publicidade:

"Somos um povo criativo e temos que levar esta marca para o mundo todo, nosso selo tem que ser *made creatively in Brazil*. Nosso manifesto é por uma criatividade brasileira mundial".

Rodrigo Borges Carneiro
Conselheiro do IDS
RJ, 05/08/08.

SUMÁRIO

Prefácio VII

Propriedade Intelectual — Propriedade Industrial — *A importância para os países em desenvolvimento*
Antonio Carlos Esteves Torres 1

A Propriedade Intelectual no Mundo do Franchising
Beto Filho 47

Propriedade Intelectual e Terceiro Setor — *Perspectivas Jurídicas para a Disseminação de Tecnologias Sociais*
Cláudio Lins de Vasconcelos 51

A avaliação econômico-financeira da Propriedade Intelectual — *Os doze métodos mais consagrados*
Istvan Kasznar 77

A Tutela dos Direitos Autorais no Campo dos Direitos Fundamentais
João Carlos de Camargo Eboli 91

Indicações geográficas e países em desenvolvimento
José de Oliveira Ascensão 101

O Impacto da Nova Ordem Mundial no Desenvolvimento Econômico — O *Papel do Regime dos Direitos de Propriedade Intelectual*
Joseph Straus 123

Desenvolvimento, Propriedade Industrial e Judiciário — *Importância da Propriedade Intelectual para Países em Desenvolvimento*
Liliane do Espírito Santo Roriz de Almeida 155

A importância dos ativos intangíveis na era do conhecimento — *A experiência da Natura*
Renata K. Franco Morassutti 173

Propriedade Intelectual e inovação no Brasil — O *papel das universidades e a experiência da Unicamp*
Rodrigo Guerra M. e Silva, Eduardo Machado e Roberto A. Lotufo 187

Propriedade Intelectual — Propriedade Industrial

A importância para os países em desenvolvimento

Antonio Carlos Esteves Torres

A título de introdução

A matéria obedece a espectro de especificidade em termos geográficos e dogmáticos de grandes proporções. Nem poderia ser diferente, porque o produto da criação humana não tem padrões dimensionáveis através de meios técnicos objetivos e se materializa sob diversas formas. A natureza é a criatividade. A propriedade intelectual representa a alma da criação e a propriedade industrial, a sua principal manifestação corpórea. Em algumas passagens uma expressão será empregada em lugar da outra. Para se ter uma idéia do universo difuso e alargado em que se observam os efeitos dos trabalhos nesta parte científica, é bom deixar bem claro, embora sob o risco de ociosidade, que o teatro, a música, a dança fazem parte desta seara, que não dispensa nenhum outro ramo do conhecimento, em especial, a sociologia e a psicologia, que permitem traçar o perfil de populações inteiras, no tocante a gostos, preferências, necessidades e tendências.

O Poder Judiciário do Estado do Rio de Janeiro, com o fito de preservar a velocidade que o tem caracterizado, rendeu-se à necessidade de especializar juízos, para oferecer julgamentos mais rápidos e eficazes sobre conflitos concernentes à propriedade industrial, com alto grau de especialidade. A especificidade é multifacetada e interdisciplinar.
Vê-se da Resolução 19/2001:

Art. 2º A competência funcional prevista no art. 91, do CODJERJ, passa a ser a seguinte: compete aos juízes de direito, especialmente em matéria de direito empresarial, de falências e concordatas:

I — processar e julgar:

a — as falências e concordatas, e os feitos que, por força de lei, devam ter curso no juízo da falência ou da concordata;
b — a declaração de insolvência e as execuções contra devedor insolvente;
c — as ações coletivas previstas no CDC;
d — as causas relativas a direito societário, especificamente:
1. nas em que houver atividade fiscalizadora obrigatória da Comissão de Valores Mobiliários;
2. nas que envolverem dissolução de sociedades comerciais, ou conflitos entre os sócios cotistas ou acionistas de sociedades comerciais, ou conflitos entre sócios e as sociedades de que participem;
3. nas relativas a liquidação de firma individual;
4. nas que digam respeito a conflitos entre titulares de valores mobiliários e a companhia que os emitiu, ou conflitos sobre responsabilidade pessoal de acionista contro-

lador ou dos administradores de sociedade comercial, ou ainda conflitos entre diretores, membros de conselhos ou de órgãos da administração e a sociedade.

e — as causas relativas à propriedade industrial e nome comercial;
f — as causas em que a Bolsa de Valores for parte ou interessada;
g — as causas relativas a direito marítimo, especialmente nas ações:
1. que envolverem indenização por falta, extravio ou avarias, inclusive as relativas a sub-rogações;
2. relativas à apreensão de embarcações;
3. ratificações de protesto formado a bordo;
4. relativas à vistoria de cargas;
5. relativas à cobrança de frete e sobrestadia.

II — cumprir as precatórias pertinentes à matéria de sua competência.

Como se anunciou acima, a natureza é a criatividade, convolando os dois universos num desdobramento conseqüencial. Investir em criatividade só é possível se houver a garantia de retorno, e não haverá retorno se não houver preservação. E só se preserva através da reserva de marcas e patentes para o mister protetivo da exlusividade.

A necessidade de dominar os meios naturais e garantir a sobrevivência tem na técnica a fórmula prática capaz de permitir transformações na direção do aproveitamento. A natureza humana tem, entre outras características, a da preservação propiciadora da continuidade da vida, qualidade inata. A escassez, mãe da economia, obriga a que os animais, em especial os homens, conservem suas conquistas para que não lhes venham a faltar reservas para a sobrevivência. Este é o centro esclarecedor da importância da propriedade industrial que involucra aspectos filosóficos, antropológicos, sociais e econômicos.

No tocante à propriedade industrial, esteve na base das conjecturas da Resolução, cujo excerto se reproduziu, a filosofia do desenvolvimento que se anuncia expressamente na redação do art. 2º, da Lei 9.279/96, que regula direitos e obrigações sobre a propriedade industrial:

A proteção dos direitos relativos à propriedade industrial, considerado o seu interesse social e o desenvolvimento tecnológico e econômico do país, efetua-se mediante:
I — concessão de patentes de invenção e de modelo de utilidade;
II — concessão de registro de desenho industrial;
III — concessão de registro de marca;
IV — repressão às falsas indicações geográficas; e
V — repressão à concorrência desleal.

Entre os problemas de interpretação que desafiam as matérias diversificadas que são conhecidas e julgadas nas Varas Empresariais, para os objetivos deste livro, vale mencionar, a título de exemplo, a dicotomia conceitual entre marca e patente de invenção. Para quem não é do ramo, muitas vezes, ainda confunde uma com a outra, sem se ter em mente que, pela lógica elementar dogmática, a marca identifica e distingue produtos e a patente atesta as invenções (arts. 6º e 123, da Lei 9.279/96)[1].

---

1 Art. 6º. Ao autor de invenção ou modelo de utilidade será assegurado o direito de obter a patente que lhe garanta a propriedade, nas condições estabelecidas nesta Lei.
Art. 123. Para efeitos desta Lei, considera-se: I — marca de produto ou serviço: aquela usada para distinguir produto ou serviço de outro idêntico, semelhante ou afim, de origem diversa; II — marca de certificação: aquela usada para atestar a conformidade de um produto ou serviço com determinadas normas ou especificações técnicas, notadamente quanto à qualidade, natureza, material utilizado e metodologia empregada; e III — marca coleti-

Não são tão simples os corolários desta facção do conhecimento jurídico, porque a fórmula de aproveitamento dos registros e das criações marcárias ou patentárias acaba esbarrando em situações atinentes às de consideração de institutos assemelhados, como, ainda a título exemplificativo, o nome comercial, que se confunde de tal forma com marca, que passou a exigir dos detentores dos direitos de proteção aos distintivos de seus produtos e de seus estabelecimentos mecânica de abrangência capaz de evitar o uso em campo de concorrência desleal. Assim, também os modelos de utilidade e desenhos industriais se mesclam na confusão conceitual que inquieta leigos e mesmo profissionais não especializados.

Os institutos marcários e patentários, inseridos no trivial cotidiano com largo alcance de usos e costumes, preenchem longo histórico que envolve romances, crônicas e livros de toda a ordem: *Breakfast at Tiffany's* (Bonequinha de Luxo)[2], *Champagne*[3] e o *Prada* (O Diabo Veste Prada)[4]. A partir des-

---

va: aquela usada para identificar produtos ou serviços provindos de membros de uma determinada entidade.

2   Filme: *Breakfast at Tiffany's* (EUA, 1961). Bonequinha de luxo conta a história de uma garota de programa que mora e ama Nova York e que está decidida a casar-se com um milionário. Holly é uma garota que toma seu café-da-manhã em frente à joalheria Tiffany's sonhando com os diamantes que poderia ter quando fosse rica, o que torna mais evidente em seu título original *Breakfast at Tiffany's*.

3   Filme: *Champagne* (Inglaterra, 1928). Betty (Betty Balfour) é uma jovem rica, mimada e rebelde, que foge de casa para se casar contra a vontade do pai (Gordon Harker), pois teme que o rapaz (Jean Bradin) esteja interessado apenas em seu dinheiro. Só que, mesmo longe de casa, Betty continua a levar uma vida luxuosa à custa de sua família. Mas, para dar uma lição em Betty, o pai da garota finge que seus negócios foram à falência, forçando-a a ganhar a vida com seu próprio esforço.

4   Filme: *The Devil Wears Prada* (EUA, 2006). Baseado no "best-seller" homônimo, o filme mostra as mazelas da editora da revista mais importante de Nova York e de sua tola assistente.

ta constatação, inegável, por sem dúvida, vale lembrar que a vida passou a contar com o reconhecimento destes padrões distintivos como formas paradigmáticas de orientação comportamental. O consumidor, ao divisar o produto cujo designativo é tantas vezes exposto, dá azo à invocação explicativa do que sejam figuras de retórica substitutiva de sentidos semânticos, como ocorre na metonímia[5], por exemplo. Raramente, a partir de uma certa época no século passado, alguém pediria uma lâmina de barbear sem falar em gillette; brahma passou a ser cerveja e a juventude ainda se traja com répteis e jogadores de pólo estampados nas camisas, e não há dona-de-casa que não peça ao seu fornecedor bombril em lugar de palha de aço, não importando a marca. E nesta grande batalha da identificação, não há quem não queira ser Malkovich[6] ou Rei (*O Homem que Queria Ser Rei*)[7]. As figuras de destaque produzem as tendências da moda e se repetem em cada agente anônimo, que busca a fama como a forma da afirmação. Com este desidério inafastável, o aproveitamento da reputação alheia, para fins de auferimento de vantagens, mergulha os atores deste embate nos domínios do crime. A concorrência

---

5   Tropo de linguagem, palavra em lugar de outra; o todo pelo particular; a causa pelo efeito; o instrumento por quem o maneja.
6   Filme: *Quero Ser John Malkovich*. Um homem (John Cusack) consegue um novo emprego no 7° e meio andar de um edifício comercial, onde todos os funcionários devem andar curvados. Lá encontra uma porta, escondida, que leva quem ultrapassá-la até a mente do ator John Malkovich, onde pode permanecer durante 15 minutos, até ser cuspido numa estrada na saída de Nova Jersey. Impressionado com a descoberta, o homem resolve alugar a passagem para outras pessoas, dentre elas o próprio John Malkovich.
7   Filme: O *Homem que Queria Ser Rei*. Dois trapaceiros vivem na Índia à custa de pequenos golpes e contrabandos. Ao defender a comunidade do ataque de invasores, um deles torna-se rei e, ao invés de apossar-se da fortuna do reino e fugir, resolve ficar e governar seus súditos. Baseado em clássico de Rudyard Kipling.

desleal se bifurca entre o tipo penal previsto no art. 195, da Lei 9.279/96[8], e as conseqüências nas instâncias civis e administrativas.

---

8 Art. 195. Comete crime de concorrência desleal quem: I — publica, por qualquer meio, falsa afirmação, em detrimento de concorrente, com o fim de obter vantagem; II — presta ou divulga, acerca de concorrente, falsa informação, com o fim de obter vantagem; III — emprega meio fraudulento, para desviar, em proveito próprio ou alheio, clientela de outrem; IV — usa expressão ou sinal de propaganda alheios, ou os imita, de modo a criar confusão entre os produtos ou estabelecimentos; V — usa, indevidamente, nome comercial, título de estabelecimento ou insígnia alheios ou vende, expõe ou oferece à venda ou tem em estoque produto com essas referências; VI — substitui, pelo seu próprio nome ou razão social, em produto de outrem, o nome ou razão social deste, sem o seu consentimento; VII — atribui-se, como meio de propaganda, recompensa ou distinção que não obteve; VIII — vende ou expõe ou oferece à venda, em recipiente ou invólucro de outrem, produto alterado ou falsificado, ou dele se utiliza, para negociar com produto da mesma espécie, embora não adulterado ou falsificado, se o fato não constitui crime mais grave; IX — dá ou promete dinheiro ou outra utilidade a empregado de concorrente, para que o empregado, faltando ao dever do emprego, lhe proporcione vantagem; X — recebe dinheiro ou outra utilidade, ou aceita promessa de paga ou recompensa, para, faltando ao dever de empregado, proporcionar vantagem a concorrente do empregador; XI — divulga, explora, ou utiliza-se, sem autorização, de conhecimentos ou informações ou dados confidenciais, utilizáveis na indústria, comércio ou prestação de serviços, excluídos aqueles que sejam do conhecimento público ou que sejam evidentes para um técnico no assunto, a que teve acesso mediante relação contratual ou empregatícia, mesmo após o término do contrato; XII — divulga, explora ou utiliza-se, sem autorização, de conhecimentos ou informações a que se refere o inciso anterior, obtidos por meios ilícitos ou que teve acesso mediante fraude; ou XIII — vende, expõe ou oferece à venda produto, declarando ser objeto de patente depositada, ou concedida, ou de desenho industrial registrado, que não o seja, ou menciona-o, em anúncio ou papel comercial, como sendo depositado ou patenteado, ou registrado, sem o ser; XIV — divulga, explora ou utiliza-se, sem autorização, de resultados de testes ou outros dados não divulgados, cuja elaboração envolva esforço considerável e que tenham sido apresentados a entidades governamentais como condição de aprovar a comercialização de

A dinâmica das marcas e patentes eleitas como símbolos das influências desenvolvimentistas se pronuncia através de vetores de velocidade e de amplitude geográfica por todo o planeta, obrigando a interação entre consumidores e competidores.

Para o exame dessas circunstâncias especificíssimas, convém tornar desvendado o mistério conceitual da concorrência, a mola mestra da evolução.

A competição sadia, embora não se possa invocar completamente Coubertin[9], para quem o que importava era competir, torna a vitória mais digna. O embate para a preservação do melhor trilha o caminho da dignidade. A competitividade, capacidade de competir em meio a um sistema econômico, é o motor da melhora da eficiência no aproveitamento dos recursos materiais e humanos em direção a resultados que se pronunciam no equilíbrio entre custos e preços, tornando viável o alcance pelo consumidor, em face das demais opções no ramo.

A chamada *livre concorrência perfeita* é a situação ideal produzida num mercado, garantidora do uso de preços equilibrados, como resultado da homogeneidade dos produtos e da pluralidade de fornecedores/ofertantes e de consumidores/demandantes, de modo a impedir que qualquer dos prota-

---

produtos. Pena: detenção, de 3(três) meses a 1(um) ano, ou multa. § 1º Inclui-se nas hipóteses a que se referem os incisos XI e XII o empregador, sócio, ou administrador da empresa que incorrer nas tipificações estabelecidas nos mencionados dispositivos. § 2º O disposto no inciso XIV não se aplica quanto à divulgação por órgão governamental competente para autorizar a comercialização de produto, quando necessário para proteger o público.

9   Pierre de Fredi, Barão de Coubertin (1863-1937). Francês que, inspirado pelo tema "o importante é competir", fez renascer no final do século XIX a mística dos Jogos Olímpicos. Colocou sua fortuna a serviço da causa olímpica, chamando a atenção do mundo para os valores gregos que estavam esquecidos.

gonistas no cenário negocial competitivo se sobreponha aos demais por meio de práticas ilegalmente danosas, contrárias à ordem econômica e financeira[10], incluindo aí os aspectos de política entre estados nacionais. A livre concorrência entre nós advém do princípio constitucionalmente protegido, art. 170, IV, da Constituição da República Federativa do Brasil — CRFB, disciplinando com vistas ao interesse nacional os investimentos estrangeiros, art. 172 da CRFB[11], reprimindo o abuso do poder econômico que objetiva a dominação dos mercados, a eliminação da concorrência e o aumento arbitrário de lucros, art. 173, § 4°, da CRFB[12].

---

10 DURÁN, Luis Ribó, FERNÁNDEZ, Joaquín Fernández. *Diccionario de derecho empresarial con los conceptos económicos complementarios*. Barcelona: Bosch, Casa Editorial, 1998, p. 534. *Libre Competencia*. Llamada también competencia perfecta, es la situación que se produce en un mercado cuando, como resultado de la homogeneidad del producto y la pluralidad de oferentes y demandantes, se produce un precio de equilibrio tal, que ninguno de los agentes que participa en el mercado pueda influir sobre él variando sus compras y ventas. Un mercado de competencia perfecta debe reunir los siguientes requisitos: (1) pluralidad de agentes, (2) homogeneidad del producto, (3) libre acceso al mercado para cualquier nuevo comprador o vendedor que lo desee, (4) conocimiento perfecto de las condiciones del mercado por los agentes que participan, (5) transparencia del mercado, y (6) libre movilidad de los factores de producción.
11 CRFB. Art. 170, IV. A ordem econômica, fundada na valorização do trabalho humano e na livre iniciativa, tem por fim assegurar a todos existência digna, conforme os ditames da justiça social, observados os seguintes princípios: ... IV — livre concorrência. Art. 172. A lei disciplinará, com base no interesse nacional, os investimentos de capital estrangeiro, incentivará os reinvestimentos e regulará a remessa de lucros.
12 CRFB. Art. 173. Ressalvados os casos previstos nesta Constituição, a exploração direta de atividade econômica pelo Estado só será permitida quando necessária aos imperativos da segurança nacional ou a relevante interesse coletivo, conforme definidos em lei. ... § 4°. A lei reprimirá o abuso do poder econômico que vise à dominação dos mercados, à eliminação da concorrência e ao aumento arbitrário dos lucros.

A ponta de lança preservadora da igualdade executória desses cânones constitucionais está nos órgãos de defesa da justa competição, cuja predominância dogmática e regulatória específica se encontra na Lei 8.884/1994, instituidora da forma autárquica atribuída ao Conselho Administrativo de Defesa Econômica — Cade, órgão repressor dos atos que possam prejudicar a livre concorrência ou a livre iniciativa, art. 20, Lei 8.884/1994[13], garantido o equilíbrio entre os concorrentes.

Em termos políticos, ainda subsiste em alguns setores, de forma quase subjacente, um certo grau de xenofobia. Mas, vencido este entrave que não chega a ter significação de peso, o fato é que, seguindo a Carta Magna, art. 5º, os estrangeiros residentes gozam da mesma proteção destinada aos brasileiros[14], o que propicia abertura para o trânsito de idéias e experiências entre brasileiros e alienígenas.

As atividades empresariais são admitidas, com as exceções, geralmente ditadas por exigências protecionistas ou pelas normas de reciprocidade, por exemplo, a empreendimentos que se dediquem à ordenação de transportes aquáticos, a pesquisas e a lavra de recursos minerais, a propriedade rural, a propriedade de meios de comunicação, a empresas de assis-

---

13 Lei 8.884/1994. Art. 20. Constituem infração da ordem econômica, independentemente de culpa, os atos sob qualquer forma manifestados, que tenham por objeto ou possam produzir os seguintes efeitos, ainda que sejam alcançados: I — limitar ou falsear ou de qualquer forma prejudicar a livre concorrência ou a livre iniciativa; II — dominar mercado relevante de bens ou serviços; III — aumentar arbitrariamente os lucros; IV — exercer de forma abusiva posição dominante.

14 CRFB. Art. 5º Todos são iguais perante a lei, sem distinção de qualquer natureza, garantindo-se aos brasileiros e aos estrangeiros residentes no país a inviolabilidade do direito à vida, à liberdade, à igualdade, à segurança e à propriedade, nos termos seguintes: ...

tência à saúde, a participação em empresas financeiras (arts. 176, 178, 190, 192, 199, 222 da CRFB[15]).

Como se vê, as fronteiras nacionais estão abertas ao intercâmbio. E não haveria alternativa diversa, porque a inevitabilidade da troca de experiências e recursos internacionais tem sido apanágio da evolução, idealmente sadia e materialmente possível.

Apenas no tocante ao dever de proteção da iniciativa nacional, como ocorre com qualquer governo no mundo, algu-

---

15 CRFB. Art. 176. As jazidas, em lavra ou não, e demais recursos minerais e os potenciais de energia hidráulica constituem propriedade distinta da do solo, para efeito de exploração ou aproveitamento, e pertencem à União, garantida ao concessionário a propriedade do produto da lavra. § 1º A pesquisa e a lavra de recursos minerais e o aproveitamento dos potenciais a que se refere o *caput* deste artigo somente poderão ser efetuados mediante autorização ou concessão da União, no interesse nacional, por brasileiros ou empresa constituída sob as leis brasileiras e que tenha sua sede e administração no País, na forma da lei, que estabelecerá as condições específicas quando essas atividades se desenvolverem em faixa de fronteira ou terras indígenas. Art. 178. A lei disporá sobre a ordenação dos transportes aéreo, aquático e terrestre, devendo, quanto à ordenação do transporte internacional, observar os acordos firmados pela União, atendidos os princípios da reciprocidade. Art. 190. A lei regulará e limitará a aquisição ou o arrendamento de propriedade rural por pessoa física ou jurídica estrangeira e estabelecerá os casos que dependerão de autorização do Congresso Nacional. Art. 192. O sistema financeiro nacional, estruturado de forma a promover o desenvolvimento equilibrado do País e a servir aos interesses da coletividade, será regulado em lei complementar, que disporá, inclusive, sobre: ... III — as condições para a participação do capital estrangeiro nas instituições a que se referem os incisos anteriores, tendo em vista, especialmente: a) os interesses nacionais; b) os acordos internacionais. Art. 199. A assistência à saúde é livre à iniciativa privada. § 3º É vedada a participação direta ou indireta de empresas ou capitais estrangeiros na assistência à saúde no País, salvo nos casos previstos em lei. Art. 222. A propriedade de empresa jornalística e de radiofusão sonora e de sons e imagens é privativa de brasileiros natos ou naturalizados há mais de dez anos, aos quais caberá a responsabilidade por sua administração e orientação intelectual.

mas restrições — no mais das vezes de ordem fiscal (tributária) — são impostas às operações empresariais estrangeiras no país. No entanto, nada que oponha obstáculos ao intercâmbio desejável especial — e até imprescindível —, de realizações do mundo da propriedade industrial.

A patologia da concorrência ou a concorrência desleal

Estes elementos e fatores estão presentes na vida de qualquer país, especialmente diante do fenômeno conhecido como mundialização, para os franceses, ou globalização para o resto do mundo — *ici et là bas...* (de acordo com as considerações dos conterrâneos de Molière).

As civilizações se espraiam no tempo e no espaço, umas dominando as outras, mesmo antes das aventuras greco-romanas, com a maravilha do domínio intelectual do dominado. A helenização[16] ficou como exemplo fundamental de que os grandes valores é que se sobressaem e ditam o norte do progresso. Gybbon nos brinda com a antecipada descrição do uso surpreendente de fonte energética petrolífera na libertação de Constantinopla, descrevendo a enorme eficiência do fogo grego (*Greek fire*). O importante segredo da composição e da produção desta chama foi revelado por Callinicus, nativo de Heliópolis, na Síria, que desertou dos serviços do califa para servir o imperador. *"A experiência de um químico ou engenheiro eram equivalentes ao concurso de armadas e exércitos e a descoberta ou o melhoramento da arte militar, felizmente, foi reservada para o período desafortunado, quando os degenerados romanos do leste tornaram-se incapazes de competir*

---

16 *Pequeno Dicionário Enciclopédico KOOGAN LAROUSSE*. Direção de Antônio Houaiss. Rio de Janeiro: Larousse do Brasil, 1980, p. 432: HELENIZAÇÃO s.f. Ação de dar características gregas às nações vencidas pelos gregos ou por eles subjugadas.

com o entusiasmo guerreiro e jovem do vigor dos sarracenos. O historiador, que pensava ter analisado esta composição extraordinária, deveria estar ciente da sua própria ignorância e da dos guias bizantinos, tão atirado em direção à maravilha, tão sem cuidado e, nesta instância, tão ciumento da verdade, dos indicativos obscuros e talvez falaciosos, que parecia que o principal ingrediente do fogo grego era a nafta, líquido de betumem, um óleo leve, insistente e inflamável, que salta da terra e pega fogo tão logo entra em contato com o ar"[17].

Sem a veleidade de aproveitar o momento acadêmico para reproduzir o que tantos já disseram melhor e com mais propriedade, para a segurança da tese de que não há análise capaz de partir de um só país ou de um só povo para conclusões individualizadas, em obra traduzida há mais de cinqüenta anos para a Biblioteca das Idéias da Livraria Gallimard, Toynbee esclarece que as sociedades se diferenciam progressivamente umas das outras, mas com influência umas sobre as

---

17 GYBBON, Edward. *The Decline and fall of the roman empire*. New York: The Modern Library, p. 796 e 797: "In the two sieges the deliverance of Constantinople may be chiefly ascribed to the novelty, the terrors, and real efficacy of the Greek fire. The important secret of compounding and directing this artificial flame was imparted by Callinicus, a native of Heliopolis in Syria, who deserted from the service of the caliph to that of the emperor, The skill of a chemist and engineer was equivalent to the succor of fleets and armies; and this discovery or improvement of the military art was fortunately reserved for the distressful period when the degenerate Romans of the East were incapable of contending with the warlike enthusiasm and youth-ful vigour of the Saracens. The historian who presumes to anlyse this extraordinary composition should suspect his own ignorance and that of his Byzantine guides, so proneto the marvellous, so careless, and, in this instance, so jealous of the truth. From their obscure, and perhaps fallacious hints, it should seem that the principal ingredient of the Greek fire, was the naphtha, or liquid bitumen, a light, tenacious, and inflammable oil, wich springs from the earth, and catches fire as soon as it comes in contact with the air."

outras, e, partindo, a título de exemplo, da etapa histórica que estabeleceu o sistema industrial, chega à conclusão de que a extensão geográfica do campo em questão está em escala mundial. Para explicar esta Revolução Industrial na Inglaterra, devem-se ter em conta as condições econômicas não apenas da Europa Ocidental, mas da África Tropical, da América, da Rússia, das Índias e do Extremo Oriente.[18] Numa visão superficial, hoje, com os exames e análises econômicos sobre o ressurgimento da China e da Índia, comprova-se, definitivamente, que a globalização só se encontra em grau de novidade pela revelação irreversível de que, em sua explosão mais bem acabada, é, e sempre foi, a história do domínio econômico. Na palavra consagrada do autor em comento, a continuidade da história, para utilizar uma fórmula consagrada, não é aquela cuja vida dos indivíduos nos dá exemplo. É antes uma continuidade feita de gerações sucessivas, ligando-se a nossa sociedade ocidental à helênica, de uma maneira análoga (para empregar uma fácil comparação, embora imperfeita) ao parentesco de uma criança aos seus descendentes.

Quanto às manifestações de preponderância de Estados e povos, a despeito das magníficas intenções do formidável au-

---

18 TOYNBEE, Arnold J. *L'Histoire — Um essai d'interprétation*. Paris: Librairie Gallimard, 12 ed., 1951, p. 12 e 18. «*Si nous partons de la dernière étape — l'établissement du système industriel — nous trouvons que l'extension géographique du champ présupposé est à l'échelle du monde. Pour expliquer cette révolution industrielle en Angleterre nous devons tenir compte des conditions économiques non seulement de l'Europe occidentale, mais de l'Afrique tropicale, de l'Amérique, de la Russie, des Indes et de l'Extrême Orient. ... La continuité de l'Histoire, pour utiliser une formule consacrée, n'est pas celle dont la vie de l'individu nous donne l'exemple. C'est plutôt une continuité faite de générations successives, notre société analogue (pour employer une comparaison facile bien qu'imparfaite) à la parenté d'un enfant avec son ascendant.*»

tor britânico da inauguração do século XX, que buscava a evitar arroubos destruidores através do uso da energia atômica, sugerindo a aceitação voluntária de um ente mundial dominador, o fato é que o domínio sempre se vestiu com capas hegemônicas, com facetas que impedem a percepção imediata das verdadeiras intenções dos dominadores.

Para esta instância da dominação, o Brasil passou (nunca inteiramente) das mãos portuguesas para períodos espanhóis, franceses e holandeses, com uma *surveillance*[19] quase eterna dos ingleses, durante o século XIX. Para não se ir tão longe na história e no passado, rememoremos o fato sintomático de que, aproximadamente até a década de 1950, quando se solidificavam tendências norte-americanas, reinavam nas mesas brasileiras elegantes louças inglesas. E eram para uso trivial e não peças de antiguidade. As indústrias eram inglesas, a ponto de introjetar-se de tal forma na vida nacional, que os títulos de uma companhia passaram a designar o principal veículo de transporte da cidade — o bonde[20]. A grande influência sobre a vivência de Irineu Evangelista de Souza, o barão de Mauá, está, na quase totalidade, sob a arrasadora influência inglesa, a partir da figura dominante de Carruthers, até as concessões de empréstimo pelos Rothschilds, cujos administradores ainda hoje mantêm sob reserva documentos sobre a pessoa e negócios do barão.[21]

---

19 Vigilância: o termo em amplitude maior.
20 *Novo Aurélio Século XXI: o dicionário da língua portuguesa*/Aurélio Buarque de Holanda Ferreira. Rio de Janeiro: Nova Fronteira, 1999, p. 318: bonde. [do ingl. *bond*, 'título de dívida', ...]
21 CALDEIRA, Jorge. *Mauá, empresário do império*. São Paulo: Companhia das Letras, 1995, p. 550: Por fim, trabalhei com uma série de documentos copiados em arquivos ingleses. No *Public Records Office* (arquivo BT-31) estão os registros de todas as empresas de capital aberto do visconde de

Até o subseqüente domínio americano, com a solidificação dos vaticínios de J.-J. SERVAN-SCHREIBER (o Desafio Americano), sobre a supremacia da indústria americana na Europa, a marcha inexorável ratificou a grande realidade, como não se pode deixar de reconhecer em Naomi Klein, das cercas do constrangimento e as janelas da possibilidade em que, em artigo reproduzido na Internet[22], a autora de *No Logo, Taking Aim at The Brand Bullies*[23], traça um largo horizonte sobre as conseqüências da movimentação econômica

---

Mauá com ações negociadas naquele país, contendo o memorando de lançamento, algumas resoluções de diretoria e algumas listas de acionistas. A exceção fica por conta da Santos-Jundiaí, cuja documentação pública completa (oito volumes) está no Companies Registration Office de Cardiff, no País de Gales (arquivo C-31). Outra fonte importante de documentos sobre o período é a coleção de cartas comerciais dos bancos ingleses ("The Bolsa Collection") da Watson Library na Universidade de Londres; apesar de não incluírem as atas das reuniões de diretoria, que podem revelar muito sobre Mauá, os documentos permitem uma boa idéia sobre a visão inglesa do concorrente que os perturbava. Ainda em Londres, consultei os arquivos do Guild Hall, onde estão cópias de todos os prospectos de lançamento das empresas de Mauá e de vários empréstimos externos brasileiros; ali há ainda um interessante *clipping* de material de imprensa inglesa sobre o Brasil no século passado.

Com relação às obras de referência, a Westminster Library possui coleções microfilmadas das principais publicações econômicas inglesas do século passado; consultei especialmente as do *The Economist* e *The Bullionist*. Por fim, um fracasso que pode ser sucesso de outro mais aquinhoado pela sorte: o Banco Rothschild, que ainda existe, tem um arquivo privado que deve ser dos mais saborosos sobre o planeta, mas também poderia revelar muito sobre a economia brasileira, se fosse acessível a qualquer um. Mas é privado, e nele só entram alguns escolhidos; não consegui, e espero que alguém seja mais eficiente.

22   http://makeworlds.org/node/28 em 26.1.2007.
23   KLEIN, Naomi. *No Logo. Taking aim at the brand bullies.* New York: Picador Reading Group, 1999.

das grande companhias pelo mundo. Aqui estão reunidas convergências que se multiplicariam ao infinito, levando o observador interessado a concordar com o editorial de *L'Express* de novembro do ano passado, sobre JJSS[24], o grande autor francês recentemente desaparecido, apontando a principal característica dos analistas sócio-econômicos para o mundo moderno. O editorialista Christopher Barbier assevera com inegável certeza que Schreiber *jamais combateu por uma idade de ouro lamentada ou um presente que devesse ser prorrogado; só o amanhã o interessava*[25]. A indefinição do alcance dessas análises está em que grandes segmentos se amoldam às condições do tempo com outros vaticínios mais ousados. Ainda ecoam os sinais escatológicos do metafórico fim da história do economista e filósofo Francis Fukuyama[26], nunca completamente entendido. Mas, voltando à jovem e competente jornalista Naomi Klein, citando o pesquisador Gerard Greenfield:

O momento atual do capitalismo não é simplesmente o comércio no sentido tradicional de vender mais produtos

---

24   Jean-Jacques Servan-Schreiber.
25   *L'Express International*, 9.11.2006, p. 5: *Jamais il ne combattit pour un âge d'or regretté ou un présent à prorroger. Seul demain l'interssait.*
26   http://www.jblog.com.br em 14.2.2007: "O cientista político americano Francis Fukuyama surpreendeu o mundo, em 1989, ao anunciar que o capitalismo e a democracia burguesa representariam o ápice da História da Humanidade. No célebre ensaio 'O Fim da História', Fukuyama sustentava que o século XX seria o apogeu da civilização, com a desintegração da União Soviética simbolizando o triunfo da democracia liberal ocidental sobre todos os outros sistemas. A derrocada do fascismo e do socialismo como alternativas globais teria deixado, segundo ele, apenas um nacionalismo residual, incapaz de aglutinar um projeto para a Humanidade e o fundamentalismo islâmico. Este, na visão de Fukuyama, confinado ao Oriente e aos países periféricos."

além das fronteiras. Também trata de alimentar a necessidade insaciável de crescimento dos mercados através da redefinição de setores inteiros de "produtos" que antes eram considerados parte dos "comuns" não à venda. A invasão do público pelo privado alcançou categorias como educação e saúde mas também idéias, genes, sementes, agora adquiridos, patenteados e cercados tanto quanto os remédios tradicionais dos aborígines, plantas, água e até células tronco humanas.[27]

O sentido da obra da entusiasmada jornalista está no período inicial do seu livro:

O crescimento astronômico na riqueza e influência cultural das corporações multinacionais nos últimos quinze anos pode ser seguramente atribuído a uma única idéia, aparentemente inofensiva, desenvolvida por teóricos em administração de empresas, em meados dos anos 80: essas corporações bem-sucedidas devem primeiramente *produzir marcas ao invés de produtos* (grifos nossos).[28]

---

27 KLEIN, Naomi. *Fences of enclosure windows of possibility. the current stage of capitalism is not simply about trade in the traditional insatiable need for growth by redefining as "products" entire sectors that were previously considered part of "the Commons" and not for sale. The invading of the public by private has reached into categories such as health and education, of course, but also ideas, genes, seeds, now purchased, patented and fenced off, as well as traditional aboriginal remedies, plants, water and even human stem cells.*
28 Op. cit. *No Logo*, p. 3. *The astronomical growth in the wealth and cultural influence of multinational corporations over the last fifteen years can arguably be traced back to a single, seemingly innocuous idea developed by management theorists in the mid — 1980s: that successful corporations must primarily produce brands, as opposed to products.*

O poder que surge dos grandes empreendimentos em franca e inevitável convergência com o que emana dos governos, transformando a relação em simbiose epicena que mereceu de Galbraith a análise incisiva:

> Nos Estados Unidos e, em menor medida, em outros países, o papel dos dois setores é objeto de intensos debates — os mais extensos e freqüentemente tediosos da oratória. Só a realidade está ausente.
> Examinada de forma séria, a propalada divisão entre os setores público e privado não faz sentido. Não é realidade, é retórica. Uma parte grande, vital e cada vez maior do que é chamado de setor público está, para todos os efeitos práticos, no setor privado.[29]

Desta forma, solidifica-se uma via compulsória de escoamento de bens, com trânsito de mão dupla, interno e externo, controlado através de vazadouros providos de torneiras de entrada e saída, metáforas para subsídio[30] e taxação, que o consumidor invariavelmente financia, irreversivelmente, porque, em moto-contínuo, de binário vicioso, suprem necessidades, dão emprego, circulam riquezas, fazem viva a economia, nutrem-se dos processos produtivos, alma da propriedade intelectual e corpo da propriedade industrial.

---

29 GALBRAITH, John Kenneth. Tradução de Paulo Anthero Soares Barbosa. *A Economia das fraudes inocentes*. São Paulo: Companhia das Letras, 2004, p. 52.
30 Na manhã de 2.3.2007, a primeira página do jornal O *Globo* noticiava que os americanos não iriam reduzir a taxa sobre o etanol.

A importância da propriedade industrial para o desenvolvimento do país

O compromisso da propriedade industrial com o desenvolvimento está sacramentado, como lembra Denis, no art. 2º, da Lei 9.279/96:

> Art. 2º A proteção dos direitos relativos à propriedade industrial, considerado o interesse social e o desenvolvimento tecnológico e econômico do País, se efetua mediante: I — concessão de patentes de invenção e de modelo de utilidade; II — concessão de registro de desenho industrial; III — concessão de registro de marca; IV — repressão às falsas indicações geográficas; e V — repressão à concorrência desleal.[31]

A forma teórica e genérica confirmadora da imprescindibilidade da propriedade industrial está posta e exposta às críticas. Em seara das realizações materiais, ao mesmo tempo que se importam ativos indispensáveis para incrementar a economia interna, mesmo com as vicissitudes sócio-políticas, nem sempre recomendáveis, e *royalties* indefectíveis, o fato é que a instalação de uma indústria automobilística num país propicia emprego, desenvolvimento e afirmação. Por outro lado, ao estimular a criatividade, o cidadão brasileiro se queda desafiado para repetir os mesmos sucessos. Não fosse a medicina de ideais alienígenas, dificilmente a história da ciência brasileira registraria episódios como o da vacinação de Oswaldo Cruz ou da abreugrafia. Ou mesmo mais recentemente, com a aplicação do expediente da licença compulsória no caso

---

31 BARBOSA, Denis Borges. *Uma introdução à propriedade intelectual*. Rio de Janeiro: Lumen Juris, 2ª ed., 2003, p. 3.

de medicamentos para o tratamento da Síndrome da Deficiência Imunológica (HIV), com apoio no art. 68, da Lei 9.279/96[32]. As produções brasileiras na órbita da agricultura e da medicina fitoterápica, hoje, revelam situações dramáticas de política de defesa contra a apropriação de nossa cultura. O caso da cachaça e dos remédios indígenas. A extração do látex, cristal tcheco, café, ouro ...

Ao mesmo tempo que se admite a entrada de ativos estrangeiros por razões nem sempre elogiáveis, paga-se ao empregado brasileiro muito menos do que ao empregado europeu. Nesta ambivalência entre a aceitação do auxílio estrangeiro para o progresso do país, inevitável, sem dúvida, e a pro-

---

[32] Lei 9.279/96. Art. 68. O titular ficará sujeito a ter a patente licenciada compulsoriamente se exercer os direitos dela decorrentes de forma abusiva, ou por meio dela praticar abuso de poder econômico, comprovado nos termos da lei, por decisão administrativa ou judicial. § 1º Ensejam, igualmente, a licença compulsória: I — a não-exploração do objeto da patente no território brasileiro por falta de fabricação ou de fabricação incompleta do produto, ou ainda, a falta de uso integral do processo patenteado, ressalvados os casos de inviabilidade econômica, quando será admitida a importação; ou II — a comercialização que não satisfizer às necessidades do mercado. § 2º A licença só poderá ser requerida por pessoa com legítimo interesse e que tenha capacidade técnica e econômica para realizar a exploração eficiente do objeto da patente, que deverá destinar-se, predominantemente, ao mercado interno, extinguindo-se nesse caso a excepcionalidade prevista no inciso I do parágrafo anterior. § 3º No caso de a licença compulsória ser concedida em razão de abuso de poder econômico, ao licenciado, que propõe fabricação local, será garantido um prazo, limitado ao estabelecido no art. 74, para proceder à importação do objeto de licença, desde que tenha sido colocado no mercado diretamente pelo titular ou com o seu consentimento. § 4º No caso de importação para a exploração de patente e no caso da importação prevista no parágrafo anterior, será igualmente admitida a importação por terceiros de produto fabricado de acordo com patente de processo ou de produto, desde que tenha sido colocado no mercado diretamente pelo titular ou com o seu consentimento. § 5º A licença compulsória de que trata o § 1º somente será requerida após 3(três) anos da concessão da patente.

dução de sua própria criatividade, está a medida do desenvolvimento.

Direito comercial x direito civil — internacionalidade

Prosseguindo na análise, torna-se imperioso realçar as curiosas diatribes entre os defensores da autonomia do Direito Comercial e os partidários da supremacia do Direito Civil, que só recentemente começaram a definir a divergência através do canal comum do respeito ao império da vontade. Neste caminhar, duas observações se apresentam como valiosas achegas ao estudo das circunstâncias dogmáticas em aparente conflito: o chamado direito comercial antecede a criação das nações e o comércio é uma fórmula dinâmica de se consubstanciar a atividade empresarial.

Invertendo as posições cronológicas, vale recordar a palavra de Requião, que, com sabedoria, antecipou o uso da vestimenta empresarial ao ramo científico hoje grandemente modificado no cadinho da convergência obrigacional:

> Enquanto o direito civil e o direito penal constituíam matérias mais atrativas, a nossa disciplina era posta em segundo plano nas preocupações culturais e na formação profissional dos estudantes. Talvez essa tendência refletisse as condições de nossa sociedade, na qual a atividade econômica era relegada a posição inferior pela elite patriarcal e aristocrática.
>
> ....
>
> Não é fácil, porém, elaborar um curso moderno de direito comercial, por mais modesto que seja. O período de transição que nossa disciplina atualmente atravessa, superando os conceitos arcaicos de comerciante e de atos de comércio, para se situar como direito das empresas mercan-

tis, muito embora não tenham a teoria e a doutrina construído definitivamente o conceito jurídico de empresa, inça de tropeços e dificuldades o nosso caminho. E ao estudioso maiores aflições se acumulam, provocadas pelo expressivo acervo de leis constantemente editadas, sem debate e sem sistema, que intentaram atualizar fragmentariamente velhos institutos comercialistas.[33]

Antes, entretanto, já se poderia coletar em Ascarelli os sintomas de uma unificação sob o olhar abrangente da internacionalidade das relações comerciais, o que justifica o caminhar pelas sendas das finalidades desta apreciação:

> Os agentes das firmas do exterior levantaram o problema da comissão e representação; também esta doutrina era nova e de início contrastante com o direito comum... Foi assim, desde a sua origem, o direito comercial, elaborando, em contraposição ao direito comum, institutos que, posteriormente, passaram para este, alcançando uma aplicação geral... Teve esta elaboração caráter internacional, o que aliás se coadunava com o caráter internacional peculiar ao direito antes da constituição dos estados nacionais... As primeiras sistematizações legislativas completas dos seguros são catalãs e o tratado do português Santarem foi por séculos o *standard book*, como se diz hoje, dos seguros. O endosso que revolucionou a função da letra de câmbio é de origem francesa. Os negócios da bolsa tiveram seu primeiro grande desenvolvimento em Flandres... e o curioso livro de Jose de La Veja, em 1681, "*Confusio de confusiones, Diálogos curiosos entre um mercador dis-*

---

[33] REQUIÃO, Rubens. *Curso de Direito Comercial*. São Paulo: Saraiva, V. I, 19ª ed., 1989, p. IX/X.

creto, um acionista erudito e um philosopho agudo sobre lo jogo y lo enredo de las aciones", pode ser lido ainda hoje com interesse por um especulador de Wall Street. A disciplina das patentes de invenção tem o seu ponto de partida no estatuto inglês dos monopólios, que por seu turno tem um precedente nas leis que a respeito foram ditadas em Veneza nos séculos XV e XVI e em virtude das quais foram concedidas patentes industriais, entre outros a Galileo Galilei em Pádua.[34]

A propriedade intelectual movimenta as linhas do progresso de forma múltipla, como vimos, dispensando no seu caminhar científico as fronteiras nacionais. Nesse caminhar, as transformações do mundo fizeram com que o Sr. Bill Gates figurasse na edição de fevereiro de 2007, da revista *Newsweek*, com o mesmo destaque de um certo Sr. Jain, que idealizou uma versão mais acessível de PC, de Ticiano e Tintoretto, todos assimilados na corrida desenvolvimentista da indústria, do comércio, das atividades em geral. Nesta altura, vale concluir que, tendo-se tornado um só mundo, a advertência da *International Advertising Association* passa a figurar como um cânone da convivência mundializada:

> **When advertising does its job, millions of people keep theirs. Good advertising doesn't just inform. It sells.**[35]

---

34 ASCARELLI, Tullio. *Panorama do Direito Comercial*. São Paulo: Saraiva, 1947, p. 26/28.
35 NEWSWEEK. 12/02/2007, Contracapa final. O jogo de palavras em inglês não é traduzível com perfeição em português, que não conserva a identidade semântica do vocábulo *job* — emprego — com o termo tarefa, naquele idioma: "Quando o anunciar fizer sua tarefa, milhares continuarão a sua. A boa propaganda não informa, apenas vende."

Em resumo, conscientizando-se de que as diferenças entre realizações comerciais e obrigações civis se diluíram, tornando os aspectos da propriedade intelectual assimilados na generalidade das relações, a divulgação de marcas e patentes passou a ser o sistema circulatório pelo qual transitam oportunidades e sonhos desenvolvimentistas. O Sr. Rajesh Jain, de uma longínqua cidade indiana chamada Chennai, conseguiu idealizar o barateamento de um aparelho que faz as vezes de NetTV e NetPC. Todos podem comprar o *big brother* orwelliano[36], de longos tentáculos octopódicos de completo controle, na loja da esquina.

Através de programas como esses, compra-se e vende-se; escrevem-se cartas e comunicações; declara-se imposto de renda; pesquisa-se, "come-se" e "bebe-se", dá-se curso à vida. A técnica, os interesses das nações e as políticas de governo de indefectível permeio.

Ainda que a título de metáfora, os mais diversos setores nacionais de iniciativa e produção — salvo os aspectos da cultura indígena, o que desafiaria um outro trabalho — têm origem estrangeira desde o samba africano e o futebol inglês até expoentes do ensino do nosso vernáculo, como Paulo Rónai[37]

---

36 http://www.educaterra.terra.com.br, em 13.2.2007. George Orwell, escritor inglês falecido em 1950, desencantado com o socialismo, especialmente com sua faceta stalinista, causa que abraçara para melhor lutar contra o nazi-fascismo, dedicou os últimos anos de vida a denunciar o comunismo stalinista. Para tanto, publicou dois livros, nos anos de 1945 e 1949, ambos com impressionante projeção, e que fizeram por acirrar ainda mais o feroz debate ideológico entre comunistas e democratas que dividiu o mundo intelectual na época da guerra fria. Um deles intitulava-se *Animal Farm* (A revolução dos bichos), e o outro simplesmente tinha um número na capa, o *Nineteen Eigthy Four* ("1984"), no qual apareceu pela primeira vez o onipresente *Big Brother*, o Grande Irmão.

37 Paulo Rónai, falecido em 1992. Intelectual húngaro naturalizado brasileiro, pioneiro na reflexão sobre tradução.

e Carpeaux,[38] a idéia é de que, sem as técnicas e realizações de outros povos, mesmo com os inconvenientes xenófobos, o fato é que, como diz Mário Gibson Barboza, embaixador e ex-ministro de Relações Exteriores, a bússola dos destinos políticos e econômicos tem sua agulha apontada para o norte empresarial, que se anuncia através de distintivos paradigmáticos. Vejamos suas palavras:

> O alinhamento automático com o governo americano prevaleceu em certa fase da política externa brasileira, simbolizado pela infeliz frase que se transformou no ferrete de uma administração: "O que é bom para os Estados Unidos é bom para o Brasil" ... Assim, no imediato pósguerra, passamos entusiasticamente a viver uma época em que o bom era o que vinha do nosso grande e heróico vizinho do Norte: a moda, o cinema de Hollywood, a Coca-Cola, o jazz — tudo isso absorvido avidamente por nossa juventude. O ideal era imitar os EUA.[39]

A orientação política designa o caminho a ser percorrido, como explica o embaixador:

> O que explica o antigo "alinhamento" de nossa política externa é o momento histórico que vivíamos. Estamos recém-saídos de um colossal conflito mundial, no qual nos "alinhamos" (para usar a expressão hoje condenada), com a grande — embora não única — potência responsável

---

38 Otto Maria Carpeaux. Nascido Otto Karpfen, de pai judeu e mãe católica, Carpeaux cresceu e se educou em Viena. Exilou-se no Brasil durante a era hitleriana, naturalizando-se em 1944. Destacou-se no jornalismo e publicou inúmeros artigos e ensaios.
39 *Jornal do Brasil*, domingo, 11.02.2007, A26 — Internacional. Artigo: O Brasil e o eixo do Pacífico.

pelo esmagamento da mais cruel e perigosa tentativa de submissão da humanidade, a verdadeira besta apocalíptica que por pouco não nos mergulhou em trevas irreparáveis: o nazi-fascismo capitaneado pela sinistra figura de Adolf Hitler... O alinhamento automático de ontem é tão anacrônico quanto o anti-americanismo que se percebe hoje em nossa política externa. Ambas as posições são tão anacrônicas quanto dividir o mundo atual em direita e esquerda. Tão anacrônico quanto lutar, academicamente, contra ou a favor do comércio Sul-Sul para substituir o tradicional comércio Norte-Sul.[40]

De toda a sorte, a permear a ambiência estão os interesses comerciais que redesenham a geografia do planeta. Com a palavra o diplomata de vasta e insuspeitável competência:

> O que impressiona hoje e nos fornece elementos irrecusáveis para o planejamento de nossa política externa é o surgimento da China, além de fatos como a recentíssima celebração de um acordo, que entrará em vigor ainda este ano, para a criação de uma zona de livre comércio entre a China e a Associação das Nações do Sudeste Asiático (Asean, na sigla em inglês). O grupo é formado por Brunei, Camboja, Cingapura, Tailândia, Laos, Malásia, Mianmar, Filipinas, Indonésia e Vietnã. Trata-se de um acordo que abrange uma economia calculada em cerca de US$ 884 bilhões (R$ 1,85 trilhão) e que abrirá aos países do Sudeste da Ásia as portas do mercado chinês nos setores bancário, turístico, imobiliário e sanitário, bem como a tecnologia de informação e transporte.[41]

---

40 *Idem, ibid.*
41 *Idem, ibid.*

No particular da influência que a propriedade industrial infunde em qualquer processo de desenvolvimento, importa destacar que o cenário em que este fenômeno se apresenta engloba diversos fatores, dentre os quais se destacam, entre outras coisas que não estão afeitas ao tema que se expõe, tecnologia, interesse das nações e política de ação, como já se vem paulatinamente anunciando.

A tecnologia se materializa em produtos, para cujo uso levam nome que os identifica e coincide com o conceito de marca, como acima se especificou. Evidentemente, em se tratando de economia, técnica pura, no dizer de Max Weber:

> ...na acepção que damos à palavra, interessam a esta unicamente os meios mais apropriados para chegar a determinado resultado, que aceita como finalidade dada e indiscutível. Em comparação com outros que talvez ofereçam o mesmo grau de perfeição, segurança e durabilidade do resultado, esses meios têm de ser também os mais econômicos quanto ao esforço que exigem. Vê-se, desta forma, que o aproveitamento de recursos para a finalidade prática exige a inventiva de operações iniciais, originárias, ou a importação de metodologia já testada e aprovada. Sem realizações deste coturno, riquezas e recursos remanescem intactos, no subterrâneo da ignorância, como ocorreria com o petróleo, por exemplo.[42]

Os interesses de uma nação, difusos, entre os coletivos e individuais, se traduzem em desejos e necessidades específicas e genéricas, estas nem sempre perceptíveis em relação aos procedimentos de gestão econômica. O mero desejo subjetivo de possuir algo não é suficiente para descrever a importância

---

42 WEBER, Max. *Economia e Sociedade*. Brasília: UnB, 2000, p. 39.

que os bens e serviços impingem a um povo. Embora não seja a seara mais apropriada nem o momento mais oportuno, é de bom alvitre repetir, ainda, Max Weber, que, na mesma obra, ao traçar as linhas definidoras das Categorias Sociológicas Fundamentais da Gestão Econômica, adverte:

> A definição da gestão econômica tem de ser a mais geral possível e expressar claramente que todos os processos e objetos "econômicos" adquirem seu caráter como tais unicamente pelo sentido que neles põe a ação humana — como fim, meio, obstáculo ou resultado acessório. Só que não é possível expressá-lo, como às vezes acontece, dizendo que a gestão econômica é um fenômeno "psíquico", pois o preço, a produção de bens e mesmo a "valorização subjetiva" destes — sendo processos reais — estão longe de se limitar à esfera "psíquica".[43]

A política de ação governamental tem a ver com o fato de que toda "...*classe de ação pode ser economicamente orientada*..." e de que toda "... *política racional serve-se da orientação econômica em seus meios, e toda política pode pôr-se a serviço de fins econômicos. Do mesmo modo, a economia... precisa da garantia do poder de disposição pela coação jurídica do Estado*".[44]

Com essas noções elementares, o compromisso com a técnica expositiva se torna mais visível e claro, no sentido de que a trilogia técnica, interesse e política de ação pode ser entendida através da materialização da utilidade dos bens, que se produzem, interna ou externamente, para atender a necessidades de toda gente, obrigando a que os dirigentes de um país

---

43 *Idem, ibid*, p. 37.
44 *Idem, ibid*, p. 38.

estejam atentos a estas tendências e inclinações, para discernir quando e como admitir o ingresso ou saída de ativos, garantindo o intercâmbio assegurador do fornecimento, mesmo que a produção não seja nacional, no caso de ingresso, ou, no caso de saída, facilitar a exportação com os cuidados que as táticas protecionistas recomendem. A política diplomática, em casos como os de propriedade industrial, está obrigada a caminhar a passos de obrigatório e extremo cuidado, para, de um lado, não interromper a importação de bens e serviços imprescindíveis ao progresso interno, nem obstar a saída de bens e serviços de que outros povos e mercados necessitem. Essas operações se guiam através de canais de diversos tipos, entre outros os de aspecto fiscal, como adiantou-se, via da metáfora das torneiras dos subsídios e da taxação.

Para trazer a teoria ao terreno da prática, asseverando que a propriedade industrial não se divorcia de tentáculos inevitavelmente internacionais, vale reproduzir a preocupação que está atormentando os segmentos especializados neste momento, fevereiro de 2007, no Brasil.

Tenham-se em vista as dificuldades para a retomada de Doha[45], há muito paralisadas, "*...por falta de consenso, principalmente por conta da questão dos subsídios agrícolas...*", como expõe na edição deste domingo, 18.2.2007, no caderno sobre Comércio Exterior do *Jornal do Brasil*, Durval Goyos,

---

45   http://pt.wikipedia.org DOHA — A rodada de Doha das negociações da OMC visa a diminuir as barreiras comerciais em todo o mundo, com foco no livre comércio para os países em desenvolvimento. As conversações centram-se na separação entre os países ricos, desenvolvidos, e os maiores países em desenvolvimento (representados pelo G20). Os subsídios agrícolas são o principal tema de controvérsia nas negociações. A rodada de Doha começou em Doha (Qatar), e negociações subseqüentes tiveram lugar em Cancún (México), Genebra (Suíça) e Paris (França).

árbitro da OMC e professor de Direito Internacional, chamando a atenção para a supremacia dos interesses dos países desenvolvidos, que, desde as rondas do antigo GATT, formatam agendas com o fito de manterem vantagens obtidas na Rodada de Doha, influenciando no tratado TRIPS, sobre a propriedade intelectual. Suas advertências são incisivas, no tocante à opção pelo setor agrícola, por parte dos países do Grupo dos 20:

> Tal como já ocorrera na rodada Uruguai do GATT, com o chamado Grupo dos 11, cuja resistência cessou a meio caminho, na Rodada Doha houve igualmente um movimento de rejeição parcial das posições dos países desenvolvidos, através o Grupo dos 20, no qual o Brasil teve papel de destaque.

em detrimento do maior apelo da área de serviços:

> Sem desprezo à importância do setor rural, a maioria dos interesses econômicos estratégicos do País situa-se nas claramente áreas de serviços, com 50% do PIB, e da indústria, com 25%.

desprezando a necessária consulta ao setor privado, representante da maioria do PIB nacional:

> Nos EUA e na União Européia (EU), por exemplo, as posições negociadoras são determinadas após um grande esforço de consulta com os interesses privados. No Brasil, ao contrário, as posições negociadoras são definidas por um grupo restrito de diplomatas, com pouca ou nenhuma consulta aos representantes da iniciativa privada, que representam, como é sabido, a vasta maioria do PIB nacional.

Este comentário não se afasta um milímetro do tema a que o trabalho se refere. A uma, porque demonstra o grau de interesse e importância da propriedade intelectual/industrial para todo e qualquer país; a duas, porque, como ratifica Denis, através da percepção sobre as origens do projeto que veio consolidar, "*... marcadamente, o sinal do impacto desses interesses econômicos e políticos ...*", reproduzindo o pensamento de Nelida Jazbick Jessen:

> A partir de 1986, com o início da Rodada Uruguai do GATT, aquilo que eram sinais de mudança tornaram-se claros marcos das novas posturas dos países desenvolvidos ... Evidentemente, tal iniciativa de trazer ao GATT matérias substantivas de Propriedade Intelectual, anteriormente confinada à Organização Mundial da propriedade Intelectual, não se fez isoladamente... no próprio âmbito da OMPI desde o início da década dos oitenta, vinham sendo impulsionadas certas discussões, como a da proteção jurídica dos programas de computador... e a proteção jurídica dos *microchips*... forma surgindo outras propostas de mecanismos reguladores, tais como as de tratados de harmonização de patentes, harmonização de marcas, solução de controvérsias, harmonização de *designs* e um protocolo à Convenção de Berna, para direitos autorais e conexos... Numa análise... o que se nota é a tentativa dos países desenvolvidos de retornarem a uma situação de mera exportação do produto final objeto da patente... e de bloqueio jurídico e fáctico da informação tecnológica, numa espiral que nos coloca na mesma vertical do início do século... Além da Lei 8.388/91, que alterou as normas de remessa e dedutibilidade, uma das primeiras mudanças a serem implementadas foi a adesão do Brasil ao texto da revisão de Estocolmo (1967), o qual traz em seu bojo a proibição de serem extintos privilégios de patentes não

explorados pelo titular sem uma concessão de licença compulsória anterior... A imposição de certos caminhos judiciais, inclusive com aspectos inadmissíveis no nosso direito... que aparecem em GATT-TRIPs e na Harmonização de Patentes..., a determinação da proteção das bases de dados, a possibilidade de limitação da circulação de informações existentes em bibliotecas e mesmo o novo conceito de reprodução de obra são condicionantes inevitáveis para a inovação tecnológica.[46]

Aliás, a confirmar a tendência retratada há mais de década, está no Caderno de Economia de O *Globo*, desta terça-feira, 20.2.2007, a resistência explícita de um dos integrantes dos onze países mais ricos, a França, ao andamento das negociações de Doha:

> *França veta prazo para concluir DOHA.* Ministros da UE pedem o sucesso da rodada da OMC.
> BRUXELAS (Reuters). Os ministros da Indústria da União Européia (EU) pediram ontem a seus parceiros nas negociações com sucesso, mas a França vetou estabelecer este ano como meta para tal resultado. Os ministros concordaram que as possibilidades para um compromisso construtivo deveriam ser exploradas e pediram a parceiros chaves que ajam neste espírito para concluir as negociações de modo vitorioso, disseram fontes da EU. O pedido reproduz posição semelhante do Comissário de Comércio da EU, Peter Mandelson. A França, contudo, rejeitou acrescentar "o mais rápido possível em 2007" às conclusões do encontro da segunda-feira, disseram as fontes. A ministra francesa do Comércio, Christine Lagarde,

---

46 JESSEN, Nelida Jazbick, *in op. Cit, Uma introdução à propriedade intelectual.* P. 9/11.

afirmou, no dia 9, que não via progresso nas negociações sobre comércio mundial a curto prazo e que uma nova política agrícola dos Estados Unidos era um obstáculo ao acordo. As negociações da Organização Mundial do Comércio para reduzir barreiras ao comércio foram paralisadas ano passado, com as divergências sobre propostas para liberalizar o comércio, especialmente o agrícola. A França, maior defensora dos subsídios agrícolas da EU, tem repetidamente repreendido Mandelson por ir longe demais nas negociações.

Os textos foram reproduzidos em sua larga extensão porque designativos fiéis dos aspectos dificultosos da manutenção da criatividade nacional, desprovida de sustento político e econômico suficiente.

Os três pontos sobre os quais repousam nossas esperanças de ressaltar a importância da propriedade industrial, para o desenvolvimento, estão assimilados neste momento da diplomacia sul-americana de Evos Morales e Hugo Chávez. Mesmo sem trazer a debate o colorido político que tinge o palco das relações internacionais, entendamos que diatribes e dissensões internacionais, ainda mais com vizinhos, impedem o avanço de estudos outros ligados a setores de produção medicinal, de aproveitamento de vias navegáveis ou de recursos florestais, tão importantes para a integração do Sul, e, hoje, objeto de conjecturas de outros países, interessados na teoria do *lebensraum* amazônico.

Para que o trabalho não se torne uma enfadonha via das notícias e críticas diplomáticas, sobre o encontro, propriedade industrial e desenvolvimento, nada pode ser mais elucidativo do que as tratativas para a instalação de uma siderúrgica da Companhia Siderúrgica do Atlântico — CSA, em Santa Cruz, no Estado do Rio de Janeiro, envolvendo mão-de-obra e tecnologia chinesas. Prevê-se a vinda de mais de seiscentos técnicos, para garantir a produção de coque, matéria-prima para a produção do aço, em associação com a ThyssenKrupp, Citic (grupo estatal chinês) e a Vale do Rio Doce, destacando-se o emprego de técnica de montagem, que, sem medo de errar, está inserida em campos de controle marcário e patentário, por que se haverá de pagar preço não desprezível. A reportagem tem como dados dignos de revelação:

> Às vésperas da data marcada para chegar ao Brasil a primeira turma de chineses que vão construir a fábrica da Companhia Siderúrgica do Atlântico (CSA), no distrito de Santa Cruz, no Rio, a questão gera polêmica dentro do governo. Os representantes da siderúrgica alemã ThyssenKrupp e da estatal China International Trust & Investment Corporation (Citic) chegaram a um acordo com o Brasil, segundo informações confirmadas pela Embaixada do Brasil em Pequim, sobre a quantidade de empregados chineses que será contratada: em vez de três mil, serão "importados" 600, a maioria engenheiros, dizem as empresas. No entanto, os planos podem ser barrados pelo Ministério do Trabalho brasileiro... A CSA, que produzirá coque (uma das matérias-primas para a produção de aço), é 90% da ThyssenKrupp e 10% da Companhia Vale do Rio Doce. O motivo alegado para a contratação da mão-de-obra chinesa — uma pequena parte dos empregados que trabalharão na construção da usina, que vai variar de dez mil a 18 mil pessoas — é a necessidade de ter pessoal especializado na montagem.[47]

O importante comentarista Mauro Santayana, em sua coluna de domingo, edição da mesma data do *Jornal do Brasil*,

---

47 O *Globo*, de 20.2.2007, terça-feira, Caderno de Economia, p. 13.

denuncia o perigo do dissenso, com respeito a um tratado que vige há décadas com proveito para Paraguai e Brasil:

> Há uma evidência que orienta as relações diplomáticas: Os governos são efêmeros e a constituição dos Estados pode ser reformada pelas circunstâncias, mas as nações soberanas têm a necessária presunção de eternidade. Acordos de curta duração podem subestimar essa regra, desde que tenham os seus objetivos bem limitados no tempo, mas os contratos perenes não podem violá-la.
> Estamos, neste momento, diante de delicado problema diplomático. Um dos candidatos à Presidência do Paraguai anunciou o propósito de renegociar os acordos de Itaipu, sob a alegação de que o Brasil deve pagar mais pela energia que, não sendo utilizada pelo parceiro, é absorvida pelo nosso país. De acordo com os termos do tratado, a reivindicação é vazia, porque qualquer alteração do pacto tem que ser obtida mediante consenso. Não há maioria a decidir: são dois votos apenas, o do Brasil e o do Paraguai. Sem o consenso, tudo permanece como se encontra. Mas uma coisa é a letra do contrato, outra as circunstâncias volúveis da História.[48]

Nestes episódios, reúnem-se técnica, interesses e política de ação governamental, de forma inseparável mas nem sempre integrada e harmônica, de modo a que, com o desequilíbrio de um ou de todos os fatores, perdem todos.

A título de conclusão, convém resgatar as passagens constitutivas do arcabouço dos pensamentos até aqui expostos. Em manifestação de Naomi Klein, logo no início da exposição,

---

48 *Jornal do Brasil*, de 18.2.2004, domingo, Caderno País, A2.

sentenciou-se que ...*that successful corporations must primarily produce brands, as opposed to products*. Essas corporações bem-sucedidas devem primacialmente produzir marcas ao invés de produtos (na tradução que oferecemos). Esta é uma das idéias centrais do propósito do trabalho. Com efeito, a marca, principal, expressão da propriedade intelectual, deixou de ser apenas um mero distintivo, passando a configurar a exteriorização da ontologia do produto. Em outra manifestação acerca da natureza do distintivismo, tivemos o ensejo de observar alhures:

> A identificação significa, necessariamente, distinção. O que parece diametralmente oposto ao princípio constitucional da igualdade, nada mais é do que um formidável exemplo da relatividade das concepções, dos enfoques lançados em lugares e tempos diferentes e, para o que nos interessa, no respeito à individualidade diversificada de todos. O homem é um ser único. Não há uma pessoa completamente igual a outra. A dicotomia igualdade/diferença só pode ser esclarecida por vias de interpretação filosófica.

Estes comemorativos que já se alongam, embora necessários, servem de porta de entrada para entendimento completo da indispensabilidade da diferença. Homem, mulher, grande, pequeno, bom ou mau, são qualidades identificadoras que envolvem desejos e vontades. Para aquele que precisa da diferença para se fazer notado, para atrair a atenção, a diversidade é o seu oxigênio. No exemplo acima, carro, veículo, seja ele qual for, é considerado, para os critérios de utilidade, um carro ou um veículo. No entanto, tratando-se de um Mercedes-Benz, Alfa Romeo ou um Volkswagen, esta distinção é tão imprescindível que, embora carros ou veículos como tantos iguais, as características especiais os tornam diferenciados de qualquer outro. A regra básica a que se pode atribuir o grau de princípio está resumida no art. 122, da Lei 9.279/96: São suscetíveis de registro como marca ou sinais distintivos visualmente perceptíveis não compreendidos nas proibições legais.[49]

Evidentemente, guardadas as proporções de natureza e espécie, as mesmas vicissitudes são experimentadas pela patente. E este particular é de tal ordem avantajado que a Microsoft, sem dúvida a síntese universal da tecnologia informática, passou a ser o alvo do recrudescimento da competitividade. Em reportagem de janeiro de 2003, a revista *Fortune* publicou a tentativa dos dirigentes da Inter Trust Technologies de obter milionária indenização da Microsoft, porque a sistemática de Bill Gates estaria utilizando técnicas administrativas de direito digital (DRM — Digital Rights Management). O intento provocou clamorosa alteração na ambiência da tecnologia informática, não por perseguir direito indenizatório mas sim porque, pequena instituição com trinta e nove empregados e uma carteira de vinte e seis patentes registradas, se tornou o principal alvo da Sony e da Phillips, que propuseram a aquisição da empresa por quase meio milhão de dólares, em espécie, com o único objetivo de adquirir o que os agentes federais não conseguiram através da mecânica de ação *antitrust*: a contenção da estratégia da Microsoft.[50]

---

49 Palestra proferida e publicada pelo autor no XXVI Seminário Nacional da Propriedade Intelectual, em Brasília, de 28 a 30 de agosto de 2006.
50 *Fortune*, 13.01.2003, p. 85. *Now there's a new set of technologies whose royalty stream may eventually swamp those of all its forebears: the so-called trusted systems and digital rights management (DRM) technologies that enable secure transmission of valuable files — audio, video, or text — across digital networks.*

Em outras palavras, o que as concorrentes estavam em vias de obter, era comprar uma posição no feito proposto contra a Microsoft, com o fito de emasculá-la. Este episódio não é único no universo da propriedade industrial porque, conforme se colhe na mesma reportagem, a Polaroid, numa espetacular ação contra a Kodak, obteve o magnífico quantitativo de 900 milhões de dólares de indenização pelo uso da mecânica da fotografia instantânea.[51]

Esses embates intermináveis se anunciam em capítulos novelescos de que serve exemplo a decisão judicial condenatória da Microsoft: *Microsoft deverá pagar 1.100 milhões a Alcatel por usar a tecnologia MP3... cada vez que um usuário utiliza o programa Windows para gravar canções em seu MP3, a Microsoft está violando uma patente. É o que considera um tribunal federal de San Diego...*[52]

Como se vê, o mundo dos empreendimentos passa pelo papel que desempenham as marcas, importando repetir a frase de Walter Landor, presidente da Landor: produtos são feitos na fábrica, marcas são feitas no cérebro[53]. O mesmo se dá com as patentes.

Com este pensamento, resume-se a definição do sentido de marca e patentes e a sua influência no mundo dos negócios. Sem comungar inteiramente da filosofia reativa que presidiu a obra da jornalista Naomi Klein, inevitável considerar que o

---

51 Mesma fonte, p. 85. *In its current incarnation, InterTrust consist of 39 employees and a patent portfolio: 26 issued patents and about 85 more pending, all in the fields of DRM and trusted systems.*
52 *El País*, sábado, 24.02.2007, p. 42/ Economía: *Microsoft deberá pagar 1.100 millones a Alcatel por usar la tecnología MP3 Cada vez que un usuario utiliza el programa Windows para pasar canciones a su MP3, Microsoft está violando una patente. Es lo que considera un tribunal federal de San Diego...*
53 Op. cit. *No Logo*, p. 195. *Products are made in the factory... but brands are made in the mind.*

trânsito dos designativos sobrepõe a importância do produto em si, remetemos o leitor à delicada vivência do meio siderúrgico no Estado do Rio de Janeiro, Brasil, com a importação de trabalhadores chineses, para um país que ainda figura como foco de preocupação da OIT, para quem mais de dois milhões de meninos de 5 a 15 anos trabalham no Brasil, em muitos casos em regime de exploração, embora haja uma animadora diminuição de 52%, desde 1998.[54]

Sobre este particular, e para asseverar-se, com toda a certeza, de que a marca, a patente ou outro designativo qualquer assumiram um papel indispensável nas referências industriais, lembrando que não se tem qualquer intenção de acompanhar os protestos finais do livro de Naomi[55], convocando os acionistas da ética, os movimentadores da cultura, os protestantes das ruas, as organizações sindicais, ativistas dos direitos humanos, a construírem uma resistência, técnica e de raiz, mas global e coordenada, como são as corporações multinacionais que se tenta converter, a realidade é que *com a ajuda de câmeras ocultas, o repórter mostrou que crianças na Indonésia e na China estavam trabalhando em escravidão virtual, para que as crianças na América pudessem vestir indumentárias embe-*

---

54 *El País*, sábado, 17.02.2007, p. 28/Sociedad: *Más de dos millones de niños de cinco a quince anos trabajan en Brasil, en muchos casos en régimen de explotación, 52% menos que los que lo hacían hace casi una década, según la Organización Internacional del Trabajo (OIT)*.
55 Op. cit.. *No Logo*, p. 445/446: *Ethical shareholders, culture jammers, street reclaimers, McUnion organizers, human- rights hacktivist, school-logo fighters and Internet corporate watchdogs are at the early of demanding a citizen-centered alternative to the international rule of the brands. That demand, still sometimes in some areas of the world whispered for fear of a jinx, is to build a resistance — both high-tech and grassroots, both focused an fragmented — that is a global, and as capable of coordinated action, as the multinational corporations it seeks to subvert.*

lezadas na sua boneca favorita. Em junho de 1996, a revista Life criou mais ondas com a fotografia de crianças paquistanesas, chocantemente jovens, e sendo pagas com seis centavos de dólar a hora, debruçadas sobre bolas de futebol que ostentavam a indefectível marca Nike. Mas não é apenas a Nike. Adidas, Reebok, Umbro, Mitre e Brine, todas estavam fabricando bolas no Paquistão, onde se estimava que dez mil crianças trabalhavam na indústria, muitas vendidas como verdadeiros trabalhadores escravos aos seus empregadores e marcadas como gado. As imagens da Life eram tão arrepiantes que galvanizaram pais, estudantes e educadores ao protesto nas portas das lojas dos Estados Unidos e do Canadá.[56]

Estes pontos vistos de uma distância prudente, para não incidir em mesquinharias políticas, podem perfeitamente traduzir o espectro de influência da propriedade industrial, sem cujas manifestações não haveria possibilidade de se arregimentar uma imagem capaz de identificar interesses e tendências, além de justificar a imposição de políticas de ação governamental.

---

56   Idem, ibid., p. 328: *More outrage flowed after NBC aired an investigation of Mattel and Disney just days before Christmas 1996. With the help of hidden cameras, the reporter showed that children in Indonesia and China were working in virtual slavery "so that children in America can put frilly dresses on America's favorite doll." In June 1996, Life magazine created more waves with photographs of Pakistani kids — looking shockingly young and paid as little as six cents an hour — hunched over soccer balls that bore the unmistakable Nike swoosh. But it wasn't just Nike. Adidas, Reebok, Umbro, Mitre and Brine were all manufacturing balls in Pakistan where an estimated 10,000 children worked in the industry, many of them sold as indentured slave laborers to their employers and branded like livestock. The Life images were so chilling that they galvanized parents, students and educators alike, many of whom made the photographs into placards and help them up in protest outside sporting-goods stores across the United States and Canada.*

Embora não se deva fechar exposição de teses com comentos sobre a prática do tema, é tão maiúscula a importância da técnica no estímulo aos processos criativos, com reflexos de ordem econômica que, como consta de interessante artigo publicado na revista *Newsweek*, do dia 19.02.2007, para se manter no auge do prestígio e da possibilidade da consistência do lucro, os dirigentes dos empreendimentos que levam o designativo Prada, agora tão em moda, percebendo que bugigangas celulares estão atingindo níveis de interesses significativos, emagreceram os aparelhos celulares, de maneira a combiná-los com as suas roupas, bolsas e sapatos. À medida que o mercado do telefone celular se aquece, os construtores se desesperam para implementar o próximo sucesso. Neste caminho, precisam tomar o devido cuidado para evitar diatribes com a Motorola, que agora começa a perder o seu prestígio. Secundando este tipo de comércio, a Apple's iPhone, cujo aparelho apresentado em janeiro, mas só disponível em junho, também está criando um ruído de insegurança no mercado específico. Embora a Nokia, Motorola, Samsumg, Sony Ericsson e a LG tenham mantido o seu mercado estável no ano passado, estarão em risco se a iPhone ou qualquer outro competidor levantar vôo. A dividir as linhas desta competição está a explicação do porquê de o desenho industrial ter tanta importância. O avanço tecnológico de câmeras, aparelhos de memória, e-mail tornaram-se de tal forma lugar-comum que os construtores do telefone celular estão redobrando esforços para fazê-los ceder o apelo estilístico de seus aparelhos. Afinal, como os automóveis, os telefones celulares são um símbolo de *status* que quatro entre dez seres humanos, na terra, levam consigo.

A reportagem termina com telefones cor de chocolate, com tela de toque, *touch-screen* que vendeu mais de oito milhões de unidades em todo o mundo, durante os últimos oito meses. Se assim é, a delgadeza do iPhone da Prada Phone e de outros telefones de *touch-screen* vai mudar a aparência dos portáteis para sempre.⁵⁷

Em importante publicação de 2001, as entidades que reúnem os artífices da propriedade intelectual, aderindo às festividades dos 500 anos do país, resumiram em palavras do frontispício da obra os destinos do ramo científico brasileiro:

> Passada a era das grandes e espetaculares invenções — que tem na criação do avião um dos seus pontos culminantes —, o Brasil se deparou com um desafio mais complexo do que o estímulo à invenção e à eventual criação de novas tecnologias em esforços isolados. A inovação técnica, cujo efeito é bem evidente em melhorias que afetam direta ou indiretamente os cidadãos, só acontece como resultado de uma longa e contínua exploração científica, teórica e experimental. O laboratório, por sua vez, só consegue estabelecer sua fundamental comunicação com a sociedade se as pesquisas nele conduzidas resultam no desenvolvimen-

---

57 *Newsweek*, 19.2.2007, p. 39, por B. J. Lee e Barbie Nadeau: *Although the gadgets have long been considered fashion accessories, the Milan-based company, known for its clothes, handbags and shoes As the global cell-phone market heats up, manufacturers have gotten more desperate than ever for the next big hit. They're anxious to avoid the troubles of Motorola, whose financial fortunes soared after the success of its Razr phone and are now sagging as the company, struggles to find a new winner The global top five — Nokia, Motorola, Samsumg, Sony Ericsson and LG — have kept their market shares steady in the past year, but analysts warn they could easily fall if the iPhone or some other challenger takes offThe Prada Phone follows on LG Electronics' success with the Chocolate Phone, a stylish black device with a partial touch screen that sold 8 million units worldwide during the past eight months. If the success of that device is any guide, the sleek aesthetic of the iPhone, the Prada Phone and other touch-screen phones may change the look of mobiles for good.*

to tecnológico. Tudo se articula numa equação complexa, que o Brasil continua tentando resolver.[58]

As linhas paralelas que delimitam o vasto campo em que as tentativas de solução da complexidade da matéria se desdobra vão da lembrança de que o nosso carro chefe da criatividade, Santos Dumont, só explodiu para o mundo a partir de Paris, capital do mundo do início do século passado, comprovada a importância dos instrumentos e técnicas estrangeiras, sem deslembrar, contudo, que, para que se conheça nossa genuína potencialidade, de natureza atávica, os indígenas montaram, desde não se sabe quando, um aparelho de fibra, chamado tipiti, cuja utilidade era extrair o veneno da mandioca, preparando-a para o consumo[59], o que, guardando as devidas proporções, faria qualquer detentor da respectiva patente milionário de alto coturno. Apesar disso, tanto o pai da aviação quanto os nossos indígenas passaram ao largo dos registros, licenças e *royalties*, legando suas criações ao proveito da humanidade.

Esses dados colhidos ao léu podem bem ilustrar a tarefa materializadora da importância mundial e interna da propriedade intelectual/industrial, em especial, para os países em desenvolvimento, cujos técnicos e cientistas, a exemplo do Sr. Jain, indiano de Chennai, hão de se redobrar em criatividade, cobrindo longos caminhos como o que preenche a distância entre o ábaco e o computador, obrigando a que a indústria dos países considerados não industrializados (com as escusas pela tautologia) se multipliquem em expedientes para não sucumbir ao dilema: aderir ou morrer.

---

58 Publicação comemorativa dos 500 Anos da Inventiva no Brasil, apresentada pela ABPI — Associação Brasileira da Propriedade Intelectual. Rio de Janeiro, agosto de 2001, p. 30.
59 Tipiti: cesto de palha que, esticado por um sistema de alavancas, permite extrair da mandioca ralada o veneno ácido hidrociânico.

Referências Bibliográficas

ASCARELLI, Tullio. *Panorama do Direito Comercial*. São Paulo: Saraiva, 1947.

BARBOSA, Denis Borges. *Uma introdução à Propriedade Intelectual*. Rio de Janeiro: Lumen Juris, 2ª ed., 2003.

CALDEIRA, Jorge. *Mauá, Empresário do Império*. São Paulo: Companhia das Letras, 1995.

DURÁN, Luis Ribó, FERNÁNDEZ, Joaquín Fernández. *Diccionario de derecho empresarial con los conceptos económicos complementarios*. Barcelona: Bosch, Casa Editorial, 1998.

GALBRAITH, John Kenneth. Tradução de Paulo Anthero Soares Barbosa. *A Economia das fraudes inocentes*. São Paulo: Companhia das Letras, 2004.

GYBBON, Edward. *The Decline and fall of the roman empire*. New York: The Modern Library.

http://www.educaterra.terra.com.br, em 13.2.2007.

http://www.jblog.com.br, em 14.2.2007.

http://makeworlds.org/node/28, em 26.1.2007.

http://pt.wikipedia.org, em 1.3.2007.

KLEIN, Naomi. *No Logo. Taking aim at the brand bullies*. New York: Picador Reading Group, 1999.

Novo Aurélio Século XXI: o dicionário da língua portuguesa/Aurélio Buarque de Holanda Ferreira. Rio de Janeiro: Nova Fronteira, 1999.

Pequeno Dicionário Enciclopédico Koogan Larousse. Direção de Antônio Houaiss. Rio de Janeiro: Larousse do Brasil, 1980.

REQUIÃO, Rubens. *Curso de Direito Comercial*. São Paulo: Saraiva, V. I, 19ª ed., 1989.

TOYNBEE, Arnold J. *L'Histoire — Un essai d'interprétation*. Paris: Librairie Gallimard, 12ª ed., 1951.

WEBER, Max. *Economia e Sociedade*. Brasília: UnB, 2000.

A Propriedade Intelectual no Mundo do Franchising

Beto Filho

O sistema de franchising do Brasil revolucionou o varejo nas últimas duas décadas. São mais de mil marcas atuantes que alavancam emprego e renda no país. Atualmente o sistema emprega mais de oitocentas mil pessoas de forma direta e mais de dois milhões indiretamente. Vivenciamos na última década uma onda de resultados positivos e recordes de crescimento. Conquistamos o amadurecimento do sistema, a ponto de avançar com sucesso no mercado internacional. São mais de cinqüenta marcas nacionais hoje presentes nos cinco continentes, e estima-se um crescimento de 100% nos próximos três anos com relação a marcas brasileiras no exterior.

Novos mercados estão aderindo ao sistema de franquias: ramo imobiliário, hoteleiro, financeiro e automotivo. Os ramos tradicionais se consolidam a cada ano com marca, modelo de gestão e padrão de qualidade, proporcionando maior segurança para o investidor franqueado e para as instituições financeiras que, cada vez mais, abrem suas portas para o franchising de modo geral. As marcas que operam no sistema penetram em regiões cada vez mais longínquas do Brasil, provando que a fórmula de sucesso está em plena expansão e não funciona apenas nas regiões Sudeste e Sul e capitais de maior expressão do país.

As associações que representam o setor, como a ABF Nacional e a ABF-Rio, a qual tenho a honra de presidir na gestão 2007/2009, cumprem seus papéis no desenvolvimento do sistema de franquia, criando oportunidades de negócios, colaborando para o desenvolvimento das marcas associadas, realizando feiras de franquia, contribuindo com a profissionalização e excelência geral do setor. Entre muitas outras ações, promovem cursos, seminários, eventos, workshops, investem na prestação de serviços a seus associados, disponibilizam ferramentas que contribuem na formação, motivação e suporte para franqueadores e franqueados através de convenções, acordos e parcerias com a iniciativa privada e governamental, interagem de forma equilibrada com a mídia e, por fim, representam, respondem, fiscalizam e norteiam o sistema rumo ao constante desenvolvimento técnico e consolidação de credibilidade junto à opinião pública. Com isso, contribuem de forma significativa não somente no desenvolvimento do franchising brasileiro, como do próprio país.

Mas, como se sabe, o sucesso não vem sem uma boa dose de problemas a gerenciar. E um dos grandes desafios do franchising é fazer frente à crescente demanda por segurança tanto de franqueadores como de franqueados em poderem utilizar suas marcas, sinais distintivos, produtos, padrões, processos de gestão e conceitos comerciais, sempre duramente conquistados, ao abrigo de uma lei que efetivamente os proteja de cópias, ações que pretendam iludir o consumidor e toda sorte de concorrência desleal. As marcas que participam do sistema de franquia acabam sendo alvos naturais e atrativos nas questões de propriedade intelectual, justamente em função da visibilidade e do sucesso.

As empresas franqueadoras dependem e contam com a proteção do seu negócio como um todo, pois existe uma relação de uso da propriedade intelectual do franqueador pelo franqueado. Muitas vezes, para evitar que esse uso se transforme em abuso, além do contrato empresarial de franchising que governa a relação, é preciso contar com instrumentos legais, balizados nas leis de propriedade intelectual e sólidas patentes para assegurar o equilíbrio da relação empresarial e evitar demandas abusivas que podem rapidamente comprometer a saúde comercial e financeira de toda a rede de franquias.

O franchising também se ressente do tempo que se leva para obter os registros e autorizações legais necessárias para o andamento de seus negócios. Este tempo, medido em anos e não em meses ou semanas, freqüentemente trava o impulso de crescimento das redes franqueadas e, por conseqüência direta, trava o crescimento do PIB, como um todo, do Brasil.

Concluímos que, cada vez mais, a segurança das marcas, resultado do seu desempenho e evolução, depende do desenvolvimento e cumprimento ágil das leis de propriedade intelectual assegurando o desenvolvimento e o fortalecimento do sistema de franquias no Brasil.

Em enfoque internacional, apesar de a proteção ao trabalho intelectual ser uma preocupação tradicionalmente maior para os países desenvolvidos, cada vez mais passa a interessar também aos países em desenvolvimento. À medida que estes desenvolvem a sua própria tecnologia, começam também a buscar mecanismos que assegurem a plena proteção e garantia dos direitos relativos à propriedade intelectual.

Assim, os países subdesenvolvidos "mais avançados" começam a adotar medidas mais rígidas de proteção dos direitos à propriedade intelectual e industrial em suas legislações. Não somente os produtores domésticos de tecnologia ou de trabalhos criativos acreditam que possam prosperar com a implantação de tais proteções, mas também, em especial no caso brasileiro, os franqueadores que começam a enxergar além de suas fronteiras se tornam um foco de demanda crescente pela proteção dos ativos, majoritariamente intangíveis, que são objeto da ação de franquia.

Nós, da Associação Brasileira de Franchising do Rio de Janeiro, por ser nossa cidade uma lançadora de tendências, uma caixa de repercussão de novos hábitos e idéias, uma vitrine de exposição de novos conceitos comerciais, não somente para o Brasil, mas também para milhões de turistas que nos visitam do mundo inteiro, devemos nos manter alertas e atuantes com relação ao assunto.

Propriedade Intelectual e Terceiro Setor

Perspectivas Jurídicas para a Disseminação de Tecnologias Sociais

Cláudio Lins de Vasconcelos

1. Introdução: Um Casamento Improvável

Não é automática, sequer intuitiva, a relação entre o tema da *propriedade intelectual* e o chamado *Terceiro Setor*. Ainda menos no Brasil, onde as origens do setor não-lucrativo remontam a movimentos sociais de caráter oposto ao que normalmente se atribui ao instituto da propriedade intelectual, quase sempre relacionado com as práticas liberais de mercado.

De fato, a partir do último quartel do século XX, a história da sociedade civil organizada no Brasil se confunde com a história de organizações e grupos sociais de base que, em sua maioria, nasceram e cresceram sob a égide ideológica de setores progressistas da Igreja Católica, de sindicatos de trabalhadores urbanos e rurais e outros movimentos de caráter fortemente coletivista, quiçá socialista. O instituto da propriedade intelectual, por sua vez, é essencialmente capitalista e tem como princípio essencial a apropriação privada de parcela do conhecimento que, de outra forma, seria "compartilhada" pela coletividade.

Aqui não vamos nos deter em demasia nos argumentos acerca dos limites ideais da propriedade intelectual e seu impacto no desenvolvimento econômico, social e cultural das nações. Basta que reconheçamos que os defensores mais aguerridos do tema — notadamente representantes dos interesses das indústrias farmacêutica, eletrônica, de luxo, do entretenimento, etc. — estiveram, durante a maior parte da história brasileira, do lado oposto ao ocupado pelos movimentos sociais de base.

Daí a conclusão de que a aplicação de princípios e institutos de propriedade intelectual ao Terceiro Setor exige, ao menos no Brasil, um certo esforço cultural. Nada-se para aceitar, com naturalidade, que o conhecimento, desde que formatado a um determinado uso prático, é um bem (intangível) essencial à superação dos desafios que se colocam todos dias frente às organizações da sociedade civil. Sua produção não é, contudo, uma atividade gratuita. Demanda investimentos de toda ordem que devem ser recuperados pelos meios legais disponíveis, sob pena de se desencorajar a produção de novos bens da mesma natureza, o que prejudicaria o desenvolvimento de soluções das quais todos, eventualmente, se beneficiarão.

E são muitos os impactos positivos gerados a partir da transformação da experiência acumulada pelas organizações da sociedade civil em ativos transferíveis. O mais óbvio deles é o próprio incentivo à produção de novas tecnologias sociais que, uma vez distribuídas a outras instituições com necessidades semelhantes, certamente facilitariam a reprodução de modelos de sucesso — já consagrados pela prática — e poupariam recursos que seriam desperdiçados em tentativas vãs. Dizer que a proprietária da tecnologia deve ser remunerada por essa distribuição é uma questão de lógica econômica básica, mas nada impede que tal remuneração advenha de terceiros que não as entidades diretamente beneficiadas pela cessão.

O comércio de bens e serviços "tangíveis" também nasceu dentro de uma lógica estritamente capitalista. E quem hoje estranharia o fato de uma entidade sem fins lucrativos praticar atos de comércio como forma de auferir recursos que serão mais tarde reinvestidos de acordo com sua missão institucional? Desde que não haja apropriação privada dos lucros, nada parece condenar essa conduta. Pelas mesmas razões, a transferência onerosa de propriedade intelectual pode, sim, se constituir em fonte de receita para entidades do Terceiro Setor. Basta que o preço cobrado seja econômica e institucionalmente justificável e que eventuais excedentes econômicos não sejam apropriados por seus dirigentes.

O presente artigo irá se concentrar na aplicabilidade de institutos jurídicos de proteção à propriedade intelectual às organizações do Terceiro Setor, em especial na formatação de tecnologias sociais passíveis de reconhecimento público por meio de uma *marca* e replicáveis sob a forma de "franquias sociais" e outras formas de *licenciamento*. O objetivo é demonstrar que a geração de riquezas na chamada Nova Economia se baseia cada vez mais na produção de conhecimento e outros bens "intangíveis", cuja distribuição é regulada pelos diplomas de propriedade intelectual. As organizações da sociedade civil, como atores econômicos que são, devem se inserir nesse contexto, sob pena de comprometerem sua sustentabilidade no longo prazo.

2. Propriedade Intelectual: Um Tema Polêmico

A Organização Mundial da Propriedade Intelectual — OMPI, uma agência especializada da ONU, define propriedade intelectual como sendo a soma dos direitos relativos às obras literárias, artísticas e científicas e todos os outros direitos inerentes à atividade intelectual.[1] Em outras palavras: são marcas, patentes, direitos autorais, denominações de origem geográfica e outros direitos exclusivos conferidos, durante um determinado período, ao criador de uma determinada inovação de valor industrial, comercial ou artístico.

Na origem dos direitos de propriedade intelectual está a convicção filosófica de que, ao se dedicar ao ofício da criação artística ou científica, a pessoa — física ou jurídica — está em verdade investindo recursos em uma atividade arriscada que, se bem-sucedida, trará benefícios à sociedade como um todo. Em contrapartida, o Estado garante a essas pessoas o direito de explorarem os frutos econômicos diretos de suas criações por um determinado período de tempo e sob certas condições. É uma espécie de monopólio legal ou, para usar o jargão econômico, uma "ineficiência" permitida pelo Direito como forma de remunerar esforços em pesquisa e desenvolvimento e incentivar novas criações.

A proteção aos direitos de propriedade intelectual é um princípio jurídico amplamente aceito em todo o mundo[2], sen-

---

1 Vide Convenção Estabelecendo a Organização Mundial da Propriedade Intelectual (assinada em Estocolmo, em 14 de julho de 1967, emendada em 28 de setembro de 1979), art. 2 (viii).
2 Até agosto de 2005, **169** Estados haviam aderido à Convenção de Paris para a Proteção da Propriedade Industrial (*adotada* em 20 de março de 1883, *revisada em* Bruxelas em 14 de dezembro de 1900, em Washington em 2 de junho de 1911, em Haia em 6 de novembro de 1925, em Londres em 2 de junho de 1934, em Lisboa em 31 de outubro de 1958, e em Estocolmo em 14 de julho de 1967, e *emendada* em 2 de outubro de 1979); **159** à Convenção de Berna para a Proteção de Trabalhos Artísticos e Literários (*adotada* em 9 de setembro de 1886, *emendada* em Paris em 4 de maio de 1896, *revisada* em Berlim em 13 de novembro de 1908, em Berna em 20 de

do essencial à regulação de uma série de interesses políticos e econômicos, domésticos e internacionais. Internacionalmente, a institucionalização desses direitos, hoje praticamente universal, precedeu o de temas altamente sensíveis, como meio ambiente e direitos humanos[3]. Da mesma forma, a maioria dos Estados há muito oferece certo grau de proteção aos direitos de propriedade intelectual em seus ordenamentos jurídicos internos, embora a magnitude dessa proteção sofra importantes variações a depender, entre outros aspectos, do estágio de industrialização de cada país. Mais recentemente, no entanto, os Estados têm ajustado suas estruturas legais e administrativas aos padrões de proteção impostos por uma nova ordem política e econômica.

De fato, desde a entrada em vigor do Acordo TRIPS[4], a responsabilidade pela implementação das regras internacionais de propriedade intelectual passou, em grande parte, das

---

março de 1914, em Roma em 2 de junho de 1928, em Bruxelas em 26 de junho de 1948, em Estocolmo em 14 julho de 1967, e em Paris em 24 julho de 1971, e *emendada* em 28 de setembro de 1979); e **148** ao Acordo sobre Aspectos de Direitos de Propriedade Intelectual Relacionados ao Comércio (anexo 1C do Acordo de Marrakesh estabelecendo a Organização Mundial do Comércio, *adotado* em 15 de abril de 1994, *vigente desde* 1º de janeiro de 1995).

3   Os Anais da Conferência Científica da ONU sobre a Conservação e Utilização de Recursos (UNSCCUR) e a Declaração Universal dos Direitos Humanos (DUDH), documentos pioneiros em seus respectivos temas, foram adotados no final da década de 1940, muito depois, portanto, das Convenções de Paris (1883) e Berna (1886). *Vide* Anais da Conferência Científica da ONU sobre a Conservação e Utilização de Recursos, adotados entre 1948 e 1951, New York: *United Nations Department of Economic Affairs*; *vide* Declaração Universal dos Direitos Humanos, *adotada* em 10 de dezembro 1948, G.A. Res. 217A (III), U.N. GAOR, 3ª Sessão, U.N. Doc. A/810.

4   Acordo sobre Aspectos de Direitos de Propriedade Intelectual Relacionados ao Comércio, *vide* nota 2, *in fine*.

mãos da Organização Mundial da Propriedade Intelectual — OMPI às mãos da Organização Mundial do Comércio — OMC, instituição governada por mecanismos próprios, independente do sistema das Nações Unidas. Mais que uma simples mudança burocrática, essa transferência simboliza o novo *status* adquirido pelo tema no âmbito das políticas internacionais de comércio. Basta dizer que o TRIPS é, na verdade, um anexo ao Acordo-Quadro que regula o funcionamento da própria OMC, o que significa que a adoção de padrões internacionais de proteção à propriedade intelectual se transformou em pré-requisito à participação efetiva de um Estado no comércio mundial.

Não obstante este amplo reconhecimento institucional, o tema da propriedade intelectual continua sendo muito polêmico. E não apenas do ponto de vista jurídico, dado que gera implicações de natureza social, econômica, política e ética. Não é de se estranhar, portanto, que economistas, cientistas políticos, líderes empresariais, biólogos e até mesmo religiosos têm desde sempre participado, ao lado de juristas, de debates apaixonados sobre os custos e benefícios de se permitir o monopólio comercial sobre bens que, embora protegidos, continuam sendo essenciais ao desenvolvimento e ao bem-estar das sociedades.

Até a década de 1990, vale ressaltar, não havia consenso sobre o grau de legitimidade desses direitos, especialmente entre países em desenvolvimento. Afinal, pesquisa, desenvolvimento e marketing são insumos caros. Custam, entre outras coisas, décadas de investimento pesado em educação e simplesmente não coexistem com a miséria. Sem tais insumos, contudo, é quase impossível ter uma presença global importante nos mercados tecnológico e cultural.

Por isso mesmo, desde o final da 2ª Guerra Mundial — e em especial desde o surgimento da escola Estruturalista na

América Latina[5] — este debate ganhou uma forte polarização Norte-Sul. Nesse contexto, os Estados do "Norte" desenvolvido (ou seja, EUA, países da Europa Ocidental e, mais recentemente, Japão), como exportadores de tecnologia que são, foram identificados como os principais beneficiários de um sistema global de proteção à propriedade intelectual, enquanto o "Sul" em desenvolvimento (América Latina, África e Sudeste Asiático) vinha historicamente adotando uma postura bem mais cética em relação aos tão propagandeados benefícios do instituto, quais sejam: (a) mais investimentos externos; (b) mais transferência de tecnologia; (c) mais incentivos às ações domésticas de pesquisa e desenvolvimento.

Já em 1951, a economista americana Edith T. Penrose, notável teórica do desenvolvimento, fez a seguinte afirmação que parece dar razão ao ceticismo desses Estados:

"Países não-industrializados e países nos estágios iniciais de desenvolvimento não têm nada a ganhar com a garantia de patentes internacionais, uma vez que as patentes registradas por tais países no exterior são poucas, quando existem. Esses países não recebem nada em troca do preço que pagam pelo uso de invenções estrangeiras ou pelo monopólio que garantem aos donos das patentes".[6]

---

5 Como observado por Susan Sell: *in the postwar era, beginning in the late 1940s with Prebich's influential economic analysis, the developing world launched efforts to challenge the relatively liberal postwar economic order erected by developed states.* SELL, Susan K., *Power and Ideas: North-South Politics of Intellectual Property and Antitrust*, Nova York, State University of New York Press, 1998 (p. 70).

6 Penrose, Edith; *The Economics of the International Patent System*, Baltimore: Johns Hopkins University Press, 1951, *in* Siebeck (ed.), Evenson, Lesser e Primo Braga, *Strengthening Intellectual Property Rights in Developing Countries: A Survey of the Literature*, 112 World Bank Discussion Paper. Washington, The World Bank, 1990, p. 70. (Original em inglês. Tradução livre).

Essa percepção negativa teve influência direta sobre a legislação econômica de muitos países do então chamado Terceiro Mundo. Durante a década de 1970, Brasil, Argentina, Índia e outros Estados do "Sul" impuseram severas restrições aos fluxos externos de capital, que eram em geral acompanhadas por regras ostensivamente lenientes em relação aos direitos de propriedade intelectual. Dessa forma, embora seja um dos onze "membros fundadores" da União de Paris — grupo que concebeu o primeiro acordo internacional sobre o tema —, o Brasil sempre relutou em garantir a eficácia (*enforce*) desses direitos que, por sua própria natureza, encarecem bens e serviços dos quais tem sido, historicamente, importador.

Nos últimos dez ou quinze anos, no entanto, muitos países em desenvolvimento, antes reticentes, parecem ter percebido a necessidade de se levar mais a sério esse tema. O Brasil vivencia o mesmo processo, ainda em curso[7]. Cabe perguntar: O que gerou tal mudança de postura? Seria uma simples rendição incondicional ao poder econômico e político dos países exportadores de capital que, no mundo pós-guerra fria, ditam sozinhos e sem constrangimentos as regras do comércio mundial? Seriam os analistas contemporâneos menos céticos que os estudiosos da geração anterior com relação aos impactos da propriedade intelectual no desenvolvimento econômico do país? Ou será que os novos tempos trazem, de fato, novas oportunidades de inserção dos países em desenvolvimento — e de seus setores produtivos — no quadro interna-

---

[7] A legislação brasileira de propriedade intelectual foi reformada no final da década de 1990 para se adaptar aos novos parâmetros internacionais. Vide Lei 9.679/96 — Lei de Propriedade Industrial e Lei 9.610/98 — Lei de Direitos Autorais. Recentemente, o governo federal criou um Grupo Interministerial cujo mandato é combater a "pirataria", representada especialmente pelas contrafações.

cional da propriedade intelectual, agora em condições menos desiguais?

Não há uma razão única, naturalmente. Mas um forte propulsor dessa mudança foi, sem dúvida, o impressionante avanço tecnológico dos últimos anos, que barateou em muito os bens de capital usados tanto na fabricação de bens de consumo como nas falsificações e cópias ilegais, com importantes ganhos em eficiência. Falsos *Nike*, *Johnny Walker*, *Montblanc* e *Rolex* são vendidos há décadas pelo comércio informal, mas nunca na proporção e com a "qualidade" encontrada nos dias de hoje. Da mesma forma, copiar as músicas de um *Long Play* em uma fita cassete era bem diferente do que copiar um CD em outro ou capturar diretamente as músicas da Internet, com qualidade digital.

Em outras palavras, os produtos "piratas" do passado não concorriam direta e efetivamente com os originais, como acontece hoje. As falsificações eram, em geral, rudimentares e facilmente identificáveis. Além do mais, eram feitas *por e para* um público que muitas vezes estava excluído dos mercados produtor e consumidor. Hoje, são produzidas por quadrilhas de atuação internacional e enorme poderio econômico. E vendidas à mesma classe média disputada cliente a cliente pelo mercado formal, de onde vêm, aliás, os empregos, impostos e investimentos necessários ao desenvolvimento do país.

Diante dos fatos, mesmo os críticos do atual sistema de proteção à propriedade intelectual têm sido obrigados a reconhecer que a proteção autoral e patentária já não é, como alguns diziam no passado, mera subserviência aos interesses de grupos poderosos. O sistema é desequilibrado, é verdade, e não contempla plenamente os interesses dos países em desenvolvimento, especialmente aqueles mais pobres. A diferença é que a maior parte dos analistas de hoje acena para uma ampliação do sistema, que deveria incluir a proteção a bens que se encontram fora do campo de proteção autoral e patentária: conhecimentos tradicionais, cultura imaterial, biodiversidade, etc.

Em artigo recente publicado no portal *Project Syndicate*[8] e em *O Globo*, o economista americano Joseph E. Stiglitz provoca o debate:

> "Imagine-se uma droga baseada no conhecimento tradicional, digamos, de uma erva famosa por suas propriedades medicinais. Que importância terá a contribuição da empresa que isolou os ingredientes ativos? A Indústria argumenta que deveria ter direito exclusivo à patente, sem pagar coisa alguma ao país em desenvolvimento de onde veio o conhecimento tradicional, mesmo que esse país preserve a diversidade biológica sem a qual a droga jamais teria chegado ao mercado. Os países em desenvolvimento, é claro, têm outra visão".[9]

De fato, a possibilidade de se oferecer algum grau de proteção a esses bens — em cuja produção os países em desenvolvimento possuem clara vantagem comparativa — parece cada vez mais concreta. Muitas questões ainda precisam ser respondidas antes que esses temas estejam maduros o suficiente para compor a lista dos bens passíveis de proteção jurídica internacional, mas poucos duvidam que a inserção dessas e outras variáveis no sistema de proteção à propriedade intelec-

---

[8] Project Syndicate é uma associação internacional, sem fins lucrativos, composta por 243 jornais de 114 países, cujo objetivo é disseminar, de forma consolidada, as análises e opiniões publicadas pelos veículos de imprensa associados.

[9] STIGLITZ, Joseph E. Erros e Acertos da Propriedade Intelectual. *O Globo*, 29.08.2005 (p. 7).

tual parece ser a única maneira de conferir legitimidade global às regras que o conduzem.

3. Tecnologia Social no Brasil: Os Primeiros Passos

Hoje, os ativos intangíveis — como marca, relacionamento, metodologia, reputação, etc. — já respondem pela maior parte do valor de mercado de inúmeras empresas. Assim, já se forma um consenso em torno do fato de que, neste século, o conhecimento aplicado à produção de bens e serviços (*know-how*) exercerá o papel que um dia teve a propriedade rural e os bens de capital como principal gerador de riqueza nas sociedades. Nas palavras de Mattar (2001):

"A década de 1990 foi testemunha de uma notável mudança dos elementos geradores de riqueza, no seguinte sentido: a vantagem competitiva não está mais centrada nos ativos tangíveis representados por fábricas, máquinas e equipamentos. Na Nova Economia, os grandes promotores da acumulação de riqueza são os ativos intangíveis, representados especialmente pelo conhecimento, informação e rede de relacionamentos".[10]

Admitindo-se a permanência do liberalismo econômico como sistema dominante, as atenções dos diversos atores que compõem o setor produtivo — com ou sem fins lucrativos — devem se voltar para os investimentos em tecnologia. Tais investimentos, no entanto, simplesmente se inviabilizariam

---

10 MATTAR, Helio, *Ethical Portals as Inducers of Corporate Social Responsibility*, in Zadek, SIMON *et al.* (ed.), *Perspectives on the New Economy of Corporate Citizenship*. Copenhagen: The Copenhagen Centre, 2001 (p. 113). (Original em inglês. Tradução livre).

diante de um quadro permissivo quanto aos direitos de propriedade intelectual.

Mas o que é "tecnologia"? São muitas as definições disponíveis na doutrina. Para Goulet (1998), tecnologia é "a aplicação sistemática da racionalidade humana coletiva na solução de problemas por meio do controle de processos naturais e humanos de todos os tipos".[11] Volti (1995) diferencia, em seu enunciado, o elemento material do organizacional, definindo tecnologia como "um sistema baseado na aplicação do conhecimento, manifestado por meio de objetos físicos e formas organizacionais, para a consecução de objetivos específicos".[12]

Em palavras mais simples, tecnologia nada mais é do que o *meio* pelo qual realizamos algo que nos seja útil ou de qualquer forma desejável. *Tecnologia social*, portanto, é todo produto, técnica ou metodologia que seja replicável e eficiente na solução de algum tipo de problema social.[13]

Não existe tecnologia boa ou ruim; existe tecnologia *adequada* ou *inadequada*. Tecnologias devem ser, basicamente, eficientes no cumprimento de seus propósitos e nem sempre precisam ser sofisticadas, ou mesmo inovadoras. O ábaco, por exemplo, instrumento artesanal de cálculo usado há milênios na Ásia, é ainda hoje a tecnologia escolhida por milhões de pessoas no Japão, China, Coréia do Sul e outros países da região, apesar das práticas calculadoras eletrônicas disponíveis no mercado a preços baixos. Isto porque o ábaco é a tecnolo-

---

[11] GOULET, Denis, *The Uncertain Promise — Value Conflicts in Technology Transfer*, 2ª ed., New York: New Horizons Press, 1989 (p. 6). (Original em inglês. Tradução livre).

[12] VOLTI, Rudi. *Society and Technological Change*, 3ª ed. New York: St. Martin's Press, 1985 (p. 6). (Original em inglês. Tradução livre).

[13] Vide Portal Fundação Banco do Brasil. www.tecnologiasocial.org.br. Acesso em 30/08/2005.

gia mais apropriada nesse contexto. Além de ser um eficiente instrumento de cálculo, sua utilização condiz com os objetivos culturais das sociedades asiáticas. Transposta para o mundo das tecnologias sociais, este é o caso, por exemplo, do soro caseiro: simples, barato e eficiente.

Mas os problemas da humanidade são muitos, e novos desafios surgem a cada dia. Para muitos deles, a solução pode estar na utilização de tecnologias já existentes, algumas em domínio público, outras ainda no período de proteção legal. Mas outros tantos problemas permanecerão sem uma solução satisfatória, porque ainda não se descobriu uma forma de resolvê-los. Precisam, portanto, de tecnologias inovadoras, que podem até ser descobertas por acaso, mas tipicamente resultam de um trabalho sistemático de pesquisa e desenvolvimento. Como já se disse, estas são atividades de capital intensivo, que normalmente demandam muitos recursos financeiros e humanos.

A natureza da tecnologia social não difere, na essência, do conceito de tecnologia em geral, o que não significa dizer que não possua peculiaridades. Algumas das mais óbvias dizem respeito a características que permeiam todo o Terceiro Setor. Entre outras coisas, é de se esperar, por exemplo, que as soluções tecnológicas voltadas para aplicação em projetos sociais sejam economicamente acessíveis, operacionalmente simples, eticamente inquestionáveis, enfim, *adequadas* aos objetivos maiores do Setor.

E é nessa compatibilização que reside o ponto mais polêmico do recente debate sobre tecnologias sociais no Brasil: *como remunerar o esforço criativo empregado nas atividades de pesquisa e desenvolvimento sem recorrer a rotinas comerciais aparentemente inconciliáveis com a cultura do Terceiro Setor?* A literatura especializada sobre o assunto no Brasil é escassa, mas as fontes disponíveis revelam que a maior parte da doutrina tem visto as tecnologias sociais como resultantes de um processo coletivo de criação que, por isso mesmo, deveriam ser "apropriadas" pela sociedade como um todo. Em outras palavras, deveriam ser disponibilizadas gratuitamente a quem interessar possa.

É o que se depreende, por exemplo, do conceito formulado pelo Instituto de Tecnologia Social — ITS que, segundo reporta a página da organização na Internet, foi "fruto de um esforço coletivo articulado (...) ao longo de 2004, dentro de uma metodologia que combinou pesquisa sobre os usos do termo Tecnologia Social, mapeamento de experiências de Tecnologia Social no Brasil e encontros para discuti-las e aprofundá-las". Chegou-se, então, ao seguinte conceito:

> "Conjunto de técnicas e metodologias transformadoras, desenvolvidas e/ou aplicadas na interação com a população e apropriadas por ela, que representam soluções para inclusão social e melhoria das condições de vida".[14]

Ainda segundo o ITS, mais de 80 instituições, entre ONGs, movimentos populares, poder público e entidades de ensino e pesquisa participaram da elaboração deste enunciado, o que nos permite concluir que a definição reflete a visão que boa parte do Terceiro Setor tem a respeito do tema. Analisando o conceito de franquia social, que, como discutiremos mais adiante, representa uma das formas mais eficientes de se disseminar tecnologias de caráter metodológico,[15] Baggio (2003) se posiciona na mesma linha:

---

14 *Homepage* do INSTITUTO DE TECNOLOGIA SOCIAL — ITS. Disponível em *www.its.org.br*, acesso em 30/08/2005.

15 Alexandre Orsolini *et al.* lembram que, para Alberto Croce, existem três possibilidades de disseminação de projetos no Terceiro Setor: a primeira é quando o projeto influencia políticas públicas; a segunda é a idéia de ampliação da cobertura, quando um projeto que atinge quinhentas pessoas

O conceito é novo e polêmico. Remete diretamente ao modelo comercial amplamente difundido pelas cadeias de *fast food*, vestuário ou perfumes. Mas difere dele exatamente neste ponto: o do lucro financeiro. As franquias sociais não criam vínculos comerciais com os franqueados. Não visam ao lucro financeiro. Mas, apesar disto, muitas das existentes hoje no país cobram pelo repasse da suas fórmulas de sucesso. Razão pela qual vêm recebendo duras críticas e encontrando resistências no Terceiro Setor.[16]

As opiniões acima descritas não deixam de revelar certa prevenção quanto à transferência onerosa de tecnologia entre as Organizações Não-Governamentais brasileiras, como se o licenciamento de uma metodologia fosse eticamente mais condenável do que a comercialização de bens e serviços "tangíveis". De fato, ONGs brasileiras há muito se beneficiam diretamente de um amplo espectro de atividades comerciais, que vão da venda de peças de vestuário aos cursos de formação com inscrição paga. Não se espera, contudo, que tais bens e serviços sejam distribuídos gratuitamente, até por uma questão de sustentabilidade.

---

passa a atingir 10 mil; a terceira possibilidade está relacionada à idéia da replicação, quando um projeto começa a ser considerado por outros independentemente da organização que lhe deu origem. CROCE, Alberto. *Disseminação e Reedição de Projetos Sociais: Alguns Elementos para Pensar sua Réplica*. In: *Seminário Internacional sobre Avaliação, Sistematização e Disseminação de Projetos Sociais*. São Paulo: Fundação Abrinq, 2002, p. 84-89. Citado em DUARTE, Alexandre Orsolini *et al.*, *Disseminação de Projetos no Terceiro Setor via Franquias Sociais: Conceituação, Vantagens e Desvantagens*. In: Revista Integração, ano 7, n° 44. São Paulo: FGV/SP, 2004. Disponível em: http://integracao.fgvsp.br/ano7/11/administrando.htm. Acesso em 30/08/2005.
16 BAGGIO, Rodrigo. *Franchising, caminho promissor para ONGs*. Valor Econômico, 10.06.2003.

Por que, então, tamanha resistência à inclusão de bens intangíveis entre os "produtos" passíveis de "comercialização" por parte de organizações sem fins lucrativos? Uma vez mais, quer nos parecer que o elemento ideológico exerce um impacto negativo no nível de aceitação, entre ONGs, dos pressupostos econômicos que guiam a transferência de tecnologia em condições normais de mercado. Comentando o tema da franquia social, Martins (2005) isola aspectos culturais do debate:

> "Tradicionalmente o conceito de franquia está ligado ao conceito de negócios, e este último, por sua vez, ao conceito de empresa. O conceito de empresa, por fim, consolidou-se na cultura brasileira sob o espectro da lucratividade, do interesse privado, da aquisição privada dos resultados. Movimentos sociais, iniciativas do Terceiro Setor e de responsabilidade social, de fato, visam exatamente ao contrário do que popularmente se conceituou como "empresa", ou seja, tornar público, publicizar os resultados das iniciativas. Portanto, na tradição cultural e legal brasileira, o conceito de empresa é contraditório ao conceito que localiza as iniciativas do Terceiro Setor e de responsabilidade social."[17]

Dessa forma, como já exposto, é possível que a base ideológica sobre a qual se constituiu o Terceiro Setor no Brasil dificulte a apropriação, por parte das entidades, de um conceito tão intimamente ligado ao liberalismo econômico. Parte da responsabilidade por essa percepção, no entanto, cabe ao

---

17 MARTINS, Paulo Haus. *Franquias Sociais*. Disponível na página da Rede de Informações para o Terceiro Setor — RITS, em: http:// www.rits.org.br/legislacao_teste/ lg_testes/lg_tmes_fevereiro2004.cfm. Acesso em 30/08/2005.

próprio Estado brasileiro, que historicamente tratou a questão da propriedade intelectual com muitas restrições (e mesmo alguma má vontade). Independentemente de convicções políticas, portanto, o cidadão brasileiro médio simplesmente não está acostumado a valorar bens intangíveis. Isso explica, por exemplo, a altíssima tolerância social ao fenômeno da "pirataria", que no imaginário coletivo de nossa sociedade pouco lembra a atividade criminosa que, efetivamente, é.

Transposta para o universo das tecnologias sociais, essa valoração essencialmente equivocada dos ativos intangíveis pode gerar a percepção, igualmente equivocada, de que soluções eficazes são encontradas por acaso, quando se sabe que pesquisa e desenvolvimento são atividades essenciais à produção tecnológica na qualidade e escala necessárias ao enfrentamento dos imensos desafios sociais do país. É como diz a célebre metáfora de Milton Friedman: "Não existe almoço grátis".[18] Se não há solução sem tecnologias inovadoras e não há tecnologias inovadoras sem pesquisa e desenvolvimento — que são atividades caras —, então alguém precisa pagar a conta.

A questão que se coloca é: quem responde por esses custos e em que proporção? Imagine-se uma entidade que esteja desenvolvendo uma nova tecnologia de capacitação à distância de agentes de saúde. Os custos seriam muitos. Consultores especializados e prestadores de serviço seriam contratados a preços de mercado para desenvolver o conteúdo didático. Um sistema informatizado seria desenvolvido a partir de uma série de licenças adquiridas de empresas brasileiras e estrangeiras. E haveria ainda muitas outras despesas de caráter téc-

---

18 Milton Friedman, economista americano ganhador do Prêmio Nobel de Economia em 1976, cunhou a expressão *"there is no such thing as a free lunch"*, aqui traduzida livremente, para lembrar que, no mundo econômico, tudo tem um custo, e alguém sempre paga por ele.

nico e administrativo, como passagens aéreas, hospedagem, tempo gerencial, etc. No mundo ideal, a entidade "desenvolvedora" buscaria o apoio financeiro em empresas interessadas no resultado final do projeto (inclusive a própria mantenedora, se houver), que eventualmente contariam com incentivos governamentais. O governo disponibilizaria ainda informações, dados, pesquisas realizadas nas universidades de todo o país e, excepcionalmente, contribuiria com recursos financeiros. A própria entidade titular da tecnologia certamente investiria capital próprio na iniciativa (recursos humanos, por exemplo), até para mostrar comprometimento com o projeto.

Depois de pronta, a tecnologia seria oferecida a milhares de organizações de todo o país dedicadas à área de saúde, que assim agregariam valor a suas atividades, realizando-as de forma mais eficiente do que antes, talvez com reduções importantes de custos. E por que não cobrar dessa entidade um valor justo, proporcional aos benefícios gerados pela tecnologia? Por que a tecnologia — que, como qualquer outro bem, consume recursos em sua produção — deveria ser cedida gratuitamente? Quer nos parecer que o desenvolvimento de tecnologias sociais interessa ao Estado, à iniciativa privada e às entidades do Terceiro Setor. Portanto, é razoável se esperar que todos contribuam para a sustentabilidade das pesquisas que as desenvolvem e não parece haver sentido em eximir as entidades consumidoras de tecnologia social dessa responsabilidade.

Eventualmente, entidades consumidoras de tecnologia social não disporão de recursos para pagar *royalties* aos titulares da tecnologia, da mesma forma que muitas não possuem recursos próprios para comprar computadores, contratar funcionários ou participar de cursos e seminários. A solução, nesses casos, passa pela construção de parcerias estratégicas, que podem até mesmo envolver a entidade proprietária da tecnologia. Seja como for, nunca é demais lembrar que os valores envolvidos nessas transações devem ser adequados à realidade do mercado, naturalmente. Mesmo porque trata-se de um Setor em que, por definição, se trabalha com o conceito de sustentabilidade, e não de lucro.

4. Marcas e Franquias Sociais: Transparência e Eficiência

A respeitabilidade de que goza uma organização não-governamental advém de uma série de fatores: os resultados verificados nos projetos que implementa; a transparência com que presta suas contas aos financiadores e ao público em geral; a lisura ética com que se relaciona com seus grupos de interesse (*stakeholders*); entre outros. Ao longo do tempo, a entidade vai construindo uma certa reputação, que a precede nos contatos com parceiros financiadores, órgãos públicos e potenciais colaboradores.

Uma boa reputação abre portas e, por isso, é um dos principais ativos de qualquer instituição. Um ativo intangível, que se materializa perante a sociedade por meio de uma *marca*. A marca é, portanto, muito mais que um mero símbolo. É a assinatura da instituição. Traduz seus valores e, por isso, é também um instrumento de comunicação com os grupos de interesse que com ela interagem. Um dos mais respeitados consultores de *branding*[19] do Brasil, o publicitário RIcardo Guimarães, amplia o conceito de marca, como se segue:

"Marca é uma maneira de pensar e agir que nasce na empresa mas reside no mercado, reside na dinâmica dos rela-

---

19 *Segmento do mercado de Comunicação Social que estuda o posicionamento das marcas junto aos grupos de interesse das empresas, buscando despertar, formatar e manter sua vitalidade.*

cionamentos — investidores, funcionários, distribuidores, fornecedores, consumidores — que percebem valor, se identificam e passam a participar da sustentabilidade desse valor no tempo. Assim, quando se fala de Visão/Missão da Marca o âmbito é muito mais abrangente, mais complexo, e o horizonte é muito maior".[20]

A verdade é que uma boa marca agrega valor ao projeto na medida em que o público tende a conferir à iniciativa qualidades que reconhece na proprietária da marca. Sua simples presença em determinada circunstância já implica em certo grau de chancela de seu titular, pelo menos aos olhos do público. Por isso, deve ser protegida, sob pena de perder sua credibilidade. Seu uso deve ser autorizado por um instrumento jurídico apropriado, que definirá as formas de utilização. Note-se que tais autorizações não são legalmente presumíveis e só podem se dar de forma expressa. Assim, a formalização de contratos específicos é essencial nos negócios envolvendo institutos de propriedade intelectual, como a marca, ainda que a negociação não envolva uma contrapartida financeira.

Importante ressaltar que, do ponto de vista jurídico, não há qualquer diferença entre o procedimento de registro de uma marca por uma instituição sem fins lucrativos e uma marca comercial. Uma vez registrada, ambas passam a gozar da mesma proteção e prerrogativas legais. Isso significa que não poderá ser copiada ou reproduzida ou ainda associada a qualquer produto, serviço, evento, etc., que não conte com a participação, ou ao menos a chancela, de seu proprietário. A utilização não autorizada da marca implica a responsabilização civil e criminal do infrator.

---

20 GUIMARÃES, Ricardo. *A essência da marca*. Disponível na *homepage* da Thynus Branding em: www.thymus.com.br.

Uma instituição pode autorizar o uso de sua marca isoladamente, hipótese em que está apenas manifestando seu apoio a determinada iniciativa, ou como parte de um processo mais complexo de transferência de tecnologia. Neste caso, a marca serve para certificar que a tecnologia empregada em determinado projeto é a mesma que foi desenvolvida por sua titular. Tecnologia esta que envolve não apenas os preceitos conceituais e metodológicos, como também os valores e princípios abraçados pela instituição.

Essencialmente, é nisso que se constituem as franquias: um sistema de distribuição de produtos, tecnologia e/ou serviços pelo qual o *franqueador* concede ao *franqueado* o direito de explorar o seu conceito, *know-how* e marca, mediante uma contraprestação financeira.[21] Ou, na definição do art. 2º da Lei 8.955/94, que regula as franquias no Brasil:

> "Sistema pelo qual um franqueador cede ao franqueado o direito de uso de marca ou patente, associado ao direito de distribuição exclusiva ou semi-exclusiva de produtos ou serviços e, eventualmente, também ao direito de uso de tecnologia de implantação e administração de negócio ou sistema operacional desenvolvidos ou detidos pelo franqueador, mediante remuneração direta ou indireta, sem que, no entanto, fique caracterizado vínculo empregatício".

Pensadas para o sistema de franquia comercial, as definições acima podem perfeitamente ser transpostas para o Terceiro Setor. A diferença está no objetivo final do sistema, que na franquia social consiste na transformação social, por meio

---

[21] PLÁ, Daniel. Tudo sobre *Franchising*. Rio de Janeiro: Ed. SENAC 2001.

da multiplicação de iniciativas bem-sucedidas, sem que isso implique na apropriação privada dos lucros. Como leciona Martins (2004):

> "A diferença entre [franquia comercial e franquia social] não é a remuneração da entidade proprietária da marca, mas a natureza da atividade franqueada, da metodologia. A remuneração pela cessão também não revela imediatamente seu caráter comercial. ONGs podem manter comércio para suportar suas atividades de caráter público. É a aquisição final desse lucro, a privatização desse lucro e de todos os outros resultados da atividade que revelam se ela é ou não de interesse público, de caráter público, do terceiro setor".[22]

Do ponto de vista estritamente jurídico, portanto, não há empecilhos à celebração de contratos de franquia envolvendo projetos sociais. A matéria é regulada em Lei, e os bons resultados do sistema na área comercial deveriam encorajar o Terceiro Setor brasileiro a investir mais na idéia. Muitos recursos já foram desperdiçados com projetos que falharam pela falta de um método organizacional consistente, uma rede de relacionamentos sólida, enfim, *tecnologia*, no sentido mais amplo do termo. E aumentar a eficiência dessas iniciativas é fundamental em um país com os problemas sociais do Brasil.

5. Conclusões

• A postura beligerante historicamente adotada pelos países em desenvolvimento em face do tema da propriedade in-

---

22 MARTINS, *op. cit.*

telectual perdeu força nas últimas duas décadas em face de impressionantes avanços tecnológicos que baratearam o custo das cópias ilegais em quase todos os setores da economia. A própria viabilidade de alguns setores — como o fonográfico, por exemplo — encontra-se seriamente ameaçada.

• A maior parte das entidades sem fins lucrativos vê com ressalvas a aplicabilidade dos princípios de mercado que regem a produção e transferência de tecnologia a projetos sociais, em especial quanto à necessidade de se remunerar o esforço criativo com o pagamento de *royalties* aos titulares da tecnologia. Essa resistência se deve, de um lado, à base ideológica sobre a qual o Terceiro Setor se desenvolveu no Brasil, de viés coletivista, diametralmente oposta aos princípios econômicos que justificam a propriedade intelectual, essencialmente capitalistas. Por outro lado, a postura deliberadamente leniente adotada pelo Brasil (e demais países em desenvolvimento) com relação aos institutos de propriedade intelectual não permitiu a cristalização do hábito da valoração dos ativos intangíveis.

• Embora à primeira vista inusitada, a aplicação de institutos de propriedade intelectual às atividades das organizações privadas sem fins lucrativos é uma necessidade em face das transformações por que passam os processos de produção e distribuição de bens e serviços, inclusive os de caráter exclusivamente sociais. A "intangibilização" da economia é uma tendência irreversível e a sustentabilidade do Terceiro Setor dependerá, no médio e longo prazos, de sua adaptação a essa nova realidade.

• A transposição para o Terceiro Setor de institutos de propriedade intelectual consagrados na iniciativa privada, como marca e transferência de tecnologia por meio de franquias, em nada compromete o caráter social das organizações sem fins lucrativos. Basta que tais institutos sejam adaptados às necessidades e valores específicos do Terceiro Setor.

- A legislação vigente no Brasil é suficiente para regular as relações de transferência de tecnologia no Terceiro Setor, sendo correto afirmar que os negócios envolvendo licenciamento de marca e franquias sociais, desde que respeitados os preceitos legais, são juridicamente perfeitos e seu cumprimento é exigível a qualquer tempo, judicial ou extrajudicialmente.

- Mais que juridicamente perfeitos, negócios envolvendo transferência de tecnologias sociais representam uma alternativa viável de ampliar o alcance de iniciativas bem-sucedidas, contribuindo para o enfrentamento dos muitos e graves problemas sociais existentes em todo o país.

Referências Bibliográficas

SELL, Susan K. *Power and Ideas: North-South Politics of Intellectual Property and Antitrust*. Nova York: State University of New York Press, 1998 (p. 70).

PENROSE, Edith. *The Economics of the International Patent System*, Baltimore: Johns Hopkins University Press, 1951. *In* SIEBECK (ed.), EVENSON, LESSER e PRIMO BRAGA. *Strengthening Intellectual Property Rights in Developing Countries: A Survey of the Literature*, 112 World Bank Discussion Paper. Washington: The World Bank, 1990, p. 70. (Original em inglês. Tradução livre).

STIGLITZ, Joseph E. Erros e Acertos da Propriedade Intelectual. O *Globo*, 29 de agosto de 2005 (p.7)

MATTAR, Helio. *Ethical Portals as Inducers of Corporate Social Responsibility*. In ZADEK, Simon et al. (ed.), *Perspectives on the New Economy of Corporate Citizenship*. Copenhagen: The Copenhagen Centre, 2001 (p. 113). (Original em Inglês. Tradução livre).

GOULET, Denis. *The Uncertain Promise — Value Conflicts in Technology Transfer*, 2ª ed., Nova York: New Horizons Press, 1989 (p. 6). (Original em Inglês. Tradução livre).
VOLTI, Rudi. *Society and Technological Change*, 3ª ed. Nova York: St. Martin's Press, 1985 (p. 6). (Original em inglês. Tradução livre).
Homepage da FUNDAÇÃO BANCO DO BRASIL. Disponível em www.tecnologiasocial.org.br. Acesso em 30/08/2005.
Homepage do INSTITUTO DE TECNOLOGIA SOCIAL — ITS. Disponível em www.its.org.br, acesso em 30/08/2005.
Homepage da THYMUS BRANDING. Disponível em www.thymus.com.br, acesso em 30/08/2005.
CROCE, Alberto. Disseminação e Reedição de Projetos Sociais: Alguns Elementos para Pensar sua Réplica. *In:* Seminário Internacional sobre Avaliação, Sistematização e Disseminação de Projetos Sociais. São Paulo: Fundação Abrinq, 2002, p. 84-89.
DUARTE, Alexandre Orsolini *et al.*, Disseminação de Projetos no Terceiro Setor Via Franquias Sociais: Conceituação, Vantagens e Desvantagens. In: Revista Integração, ano 7, n° 44. São Paulo: FGV/SP, 2004. Disponível em: http://integracao.fgvsp.br/ano7/11/administrando.htm. Acesso em 30/08/2005.
BAGGIO, Rodrigo. Franchising, caminho promissor para ONGs. *Valor Econômico*, 10/06/2003.
MARTINS, Paulo Haus. Franquias Sociais. Disponível na página da Rede de Informações para o Terceiro Setor — RITS, em: http://www.rits.org.br/legislacao_teste/lg_testes/lg_tmes_fevereiro2004.cfm. Acesso em 30/08/2005.
PLÁ, Daniel. Tudo sobre Franchising. Rio de Janeiro: Ed. SENAC, 2001.

A Avaliação Econômico-financeira da Propriedade Intelectual

Os *doze métodos mais consagrados*

Istvan Kasznar

A avaliação econômico-financeira de ativos e, em particular, da propriedade intelectual vem sendo objeto crescente de interesse e atenção dos juristas, advogados, economistas, contadores, *stakeholders* e analistas de avaliação de empresas.

Há importantes razões para que isto ocorra de forma crescente e nos próximos anos se consolide uma cultura de avaliação ampla e generalizada de avaliação de marcas, patentes e propriedades industriais, entre outras.

Entre estas razões merece atenção o fato de que a avaliação de ativos intangíveis é complexa, requisitando a aceitação de um padrão e de métodos de aceitação generalizada; os acionistas exigem cada vez mais acuidade e precisão na apresentação do valor verdadeiro da empresa na qual empataram capitais; e os gestores profissionais estão descobrindo que, após intensas campanhas promocionais, o reconhecimento de uma propriedade intelectual pela população e por numerosos clientes traz consigo o fenômeno da demanda repetida, que eleva as vendas e, com isto, os lucros das empresas e negócios.

Em função destas razões, há um interesse crescente em definir-se o valor econômico-financeiro da propriedade intelectual, de tal forma que ela passe a ser definida em moeda sonante. E ao atribuir-se esse valor, abre-se um mercado mais amplo para os proprietários de bens e serviços intangíveis, que permite a realização de transações e a movimentação econômica.

A meta deste artigo é apresentar de forma objetiva e resumida as principais modalidades modernas de avaliação de uma propriedade intelectual.

Desta forma, pretende-se mostrar que o cálculo de valor de bens e ativos intangíveis alcançou um grau de credibilidade elevado e permite múltiplos usos para diversas metodologias que são oriundas das áreas de Economia, Contabilidade e Matemática Financeira.

A identificação da necessidade de avaliação

A atribuição de valor a uma Propriedade Intelectual — PI se realiza mediante a adoção de várias etapas ou passos de trabalho, que convidam à efetuação de uma metodologia de trabalho e de levantamento de dados e informações, que, uma vez adequadamente selecionadas e cruzadas, permitem a geração de cálculos e a estimativa de um valor ao objeto do estudo.

Sem esgotar exaustivamente esta questão metodológica, pode-se sugerir um roteiro básico de trabalho e boas práticas, para que o cálculo resultante possua robustez, se acomode a cautelas e precauções técnicas ditadas pelo bom senso e venha a refletir uma estrutura de cálculo convincente, que adquira "moral" aos olhos dos demandantes de cálculos de valor.

Deste ponto de vista, é importante que a metodologia apresente alguns atributos. Quanto mais claros forem estes atributos e quanto mais facilmente eles forem verificados, demonstrados e comprovados, tanto mais "moral" disporá o valor final calculado. E sua aplicação em múltiplas transações será facilitada.

Os atributos da metodologia são os seguintes:

— Que o levantamento se baseie em dados verdadeiros, que sejam fáceis de comprovar e de fonte oficial, tanto ao se tratar de variáveis macro, agregadas e ambientais, quanto ao se tratar de variáveis internas, endógenas a uma firma ou atividade;

— Que a fonte seja permanente, contínua e logo disponha de uma memória longa de dados e informações. Dados limitados, curtos no intervalo de tempo e entrecortados devem ser evitados;

— Que seja claro o tipo de inserção dos valores das variáveis levantadas, no corpo da estrutura de cálculo que for proposta;

— Que a geração e apresentação de hipóteses que sustentam um levantamento, um pensamento ou uma assertiva seja alicerçada no bom senso; no saber e na experiência geral; e seja a mais ampla possível. Neste sentido, é importante que se evitem hipóteses confusas, que não possam ser comprovadas ou que ensejem dúvidas e polêmicas. Quanto mais generalizada for uma hipótese, com grande capacidade de cobertura de elementos, tanto mais fraca será ela para explicar um fenômeno específico, mas mais forte será ela para acobertar pela sua generalidade uma infinitude de ocorrências, o que a moraliza; e

— Que seja límpida em seus resultados, permitindo compreensão clara do valor ao qual se chegou.

Uma vez atendidos os atributos citados, o roteiro de boas práticas de cálculo pode ser empreendido. Merecem destaque os passos e seu atendimento cuidadoso, sem que se sugiram prioridades e lembrando a relevância de ações paralelas e concomitantes, que configurem um conjunto de levantamentos apropriados ao levantamento do valor dos intangíveis, conforme a seguir:

a) **O OBJETO** — É essencial identificar o objeto da avaliação. O que é? Como defini-lo? Em que e de que se constitui? É preciso saber com o que se está lidando, para estabelecer um enquadramento conceitual apropriado, que permita a definição da constituição do objeto.

b) **O OBJETIVO** — É importante especificar o que se pretende mediante um exercício de avaliação. O ato de criar, gerar, confirmar, contestar, contrapor, registrar ou estimar um valor a uma PI possui razões de ser que são estabelecidas pelo interessado em conhecer a valia de uma PI. As razões são muitas, entre as quais lembramos: para fazer uma partilha de bens e patrimônio entre sócios que se desentenderam; para inserir um valor financeiro no patrimônio líquido da empresa, aumentando o ativo e o passivo total de um exercício; para comprar a marca, o logotipo, o saber, as royalties futuras, as patentes e afins, de uma empresa concorrente, ou que poderá tornar-se concorrente, ou que poderá modificar a imagem reinante de produtos e serviços num setor econômico; e elementos parecidos. O papel dos juristas e advogados é essencial neste particular momento, pois surge o contrato como meio de descrever-se a pretensão do cliente.

c) **A SERVENTIA** — Os contratantes de serviços de avaliação visam a auferir um amplo espectro e menu de utilidades, de um cálculo de valor. No item anterior, a amplitude das razões de ser da demanda por avaliações já foi estabelecida. Mais precisamente, sob uma ótica pragmática, o cálculo de valor serve quando o montante ao qual se chega é convincente, reflete uma situação verificável e permite uma transação. O que se visa é gerar valores positivos, que acrescem patrimônio e evoluem ao longo do tempo.

d) **A FUNÇÃO PRODUÇÃO DE CÁLCULO DE VALOR** — Isto corresponde ao como fazer um cálculo, uma projeção ou uma estimativa. É o *modus-fasciendi*. Neste terreno, atuam os economistas, os econometristas, os estatísticos, os contadores e os matemáticos. E como há múltiplos métodos de cálculo, cujos resultados podem ser diferenciados conforme as hipóteses levantadas e testadas, é preciso dedicar uma atenção especial a esta etapa de trabalho, com vistas a escolher entre as opções aquela que possui maior grau de acuidade em espelhar o valor verdadeiro de um intangível. Regra geral, quanto menos hipóteses "soltas", sem referências e bases em dados reais, houver, tanto melhores serão os cálculos.

e) **O PORQUÊ DA ESCOLHA DE CÁLCULO** — É de bom alvitre dispor de justificativas apropriadas para a escolha metodológica. Normalmente, boas razões de uma escolha se prendem a fatores tais como: a capacidade de o dado espelhar o que se pretende — mostrar o valor da PI; porque o dado é disponível, existe, é fácil de levantar, tem comprovante, é acessível a várias partes e agentes que visam a estabelecer um valor; porque a estrutura metodológica de cálculo combina apropriadamente a variável dependente (valor da PI) com um conjunto de variáveis independentes, que são bem independentes entre si e possuem alto grau de correlação (R^2) com a variável dependente; e porque peritos compreenderão e aceitarão o cálculo proposto.

f) **O FATOR EQUIPE E INTEGRAÇÃO METODOLÓGICA DO TRABALHO** — Cálculo de valor em si, realizado por peritos e especialistas em métodos quânticos, há de ter utilidade na mão de quem vai apresentá-lo e defendê-lo a interessados. Por esta razão, é crítico saber transmitir e explicar adequadamente aos agentes sócio-empresariais que farão uso do resultado de valor obtido, o significado do valor e a forma de se chegar a ele, mesmo que seja em grandes linhas mestras. Isto significa a conquista de uma posição de legitimidade perante juízes, tribunos, advogados, promotores, peritos judiciais e policiais de partes e contrapartes, acionistas, herdeiros de bens intangíveis e outros personagens e profissionais que se envolvem com a negociação, a aceitação ou a recusa dos cálculos aos quais se chega.

As etapas anteriores podem ser interpretadas como a feitura de um Plano de Ação, no qual são respondidas as clássicas questões que compõem adequadamente o arquétipo de uma construção sólida, a saber: o que (o objeto); para que (o objetivo); a quem serve (utilidade); como (a função de produção que interliga as variáveis explicativas determinantes); porque (os motivos e razões que levaram a certas escolhas) e com quem (os agentes com os quais a comunicação e a transmissão de dados e conclusões são imprescindíveis).

A seguir, apresentam-se os métodos de cálculo e projeção de valor mais consagrados na área da propriedade intelectual. O objetivo é comentar em síntese aqueles métodos mais aceitos no exterior e no Brasil, sobre os quais as empresas de capital aberto assentam suas defesas de avaliação de marcas, patentes por invenções e direitos autorais.

As expressões matemáticas serão prescindíveis, buscando-se a explicação técnica e o significado do método, para mostrar as alternativas que se fazem presentes. Para maiores detalhes matemáticos e de expressões quânticas, sugere-se a leitura do artigo Métodos de Cálculo e Projeção de Marcas, Patentes e Direitos Autorais, uma apresentação feita por este autor para a Câmara de Comércio Brasil-França, de 16 páginas, mediante *Eletropresentation* e com o apoio da IBCI — Institutional Business Consultoria Internacional e do Escritório de Advocacia Dannemann Siemsen — 2006.

Métodos de cálculo de valor

Ao escolher uma fórmula ou expressão matemática para a obtenção do valor de uma propriedade intelectual ou de uma propriedade industrial, o analista e o técnico se vêem em face de uma profusão crescente de métodos.

Seja qual for o método escolhido, é imprescindível não ser afetado por modismos e propostas mal engendradas, cuja capacidade de gerar o cálculo esperado é pequena.

O que se busca na construção de um modelo refietor de valor envolve uma mistura de elementos, que necessitam chegar a uma soma cuja razão de ser inclui:

1) Os investimentos em inovação, invenção, *design*, publicidade e propaganda, convencimento e informação do consumidor, conquista de novos hábitos pelo consumidor e fatores congêneres;

2) Os investimentos em pesquisa e desenvolvimento de produto ou bem, máquinas, equipamentos e utensílios decorrentes;

3) As receitas e despesas auferidas no passado e as projetadas para o futuro;

4) A evolução projetada dos diferenciais de receitas e despesas, em conformidade com a evolução da PI específica em sua curva evolutiva de ciclo de vida;

5) A capacidade que um elemento intangível possui de atrair consumidores e clientes capazes e que estão em condições de pagar pelo usufruto do bem ou serviço que estão a receber;

6) A capacidade de engendrar num mercado localizado (município ou estado) ou num mercado mais amplo (país ou na comunidade internacional) um fluxo de demanda e de recursos financeiros, gerado pela propriedade intelectual que é estudada. Isto envolve potencialmente o levantamento de dados demográficos; antropológicos; culturais; macroeconômicos; microeconômicos; setoriais de indústria, comércio, serviços e *agribusiness*.

E lida-se com o macroambiente, no qual as forças do crescimento econômico, da taxa de inflação e do nível das reservas internacionais determinam se existe ou não estabilidade, para que um bem adquira, com pequenas margens de erro e baixa imprevisibilidade, valor.
O valor depende da macroestabilidade. Quando esta é pequena ou curta em sua memória, os agentes tendem a dar um baixo ou menor valor a uma propriedade intelectual ou industrial. Quando a macroestabilidade aumenta e um país se dirige ao desenvolvimento e à geração de crescente riqueza para os seus cidadãos, ou adquiriu um *investment grade*, o que o torna alvo do interesse internacional, ou há mais investidores inte-

ressados na aquisição dos bens e serviços do país, e com este efeito o valor da PI aumenta.

Isto significa que o modelo correto de avaliação de PI necessita lidar e acomodar em si fatores exógenos (externos) e fatores endógenos (internos) à realidade de um negócio ou empresa.

Podem-se desenhar cenários externos, do país e do mercado no qual se opera o valor do intangível, para a seguir formular o valor interno, empresarial da propriedade intelectual que é estudada. O relevante é que os dois conjuntos de variáveis se falem, se interliguem e reflitam a realidade presente e futura que se quer avaliar.

Uma marca sem vendas não possui valor econômico maior. O que importa é que a marca se movimente e esteja presente aonde lhe couber, seja nas gôndolas dos supermercados, seja nos pratos dos consumidores estrangeiros. Se a marca não tiver presença, ela se esvairá na memória do consumidor. E as receitas sem registro por falta de movimento farão com que os clientes se esqueçam da marca.

Deste modo, é imprescindível vender, gerar receitas, para que uma PI, uma marca, uma patente, um direito autoral, uma imagem ou similar adquira valor econômico. E quanto mais estabilizada estiver uma economia, num país, com baixa capacidade de ser submetido a choques negativos externos (do tipo alta do preço do petróleo ou disparada das taxas de juros para cima), tanto melhor será. Haverá maior capacidade de investir, empregar pessoas, gerar renda, vender e com isto lucrar.

Na verdade, o valor de uma PI corresponde a uma fração dos lucros de um negócio ou objeto que a torna do interesse de apropriação e compra pelo comprador ativo. Ou, dito de outra forma, o valor de uma PI é dado pela taxa de participação na formação de lucros dessa mesma PI, no decorrer do tempo e de sua vida útil.

Os doze métodos mais consagrados de cálculo

Entre os numerosos métodos de cálculo de valor existentes e propostos, doze merecem destaque. Eles são os mais sérios, práticos, estatisticamente aderentes e realistas.

E por uma questão de bom senso, muitos analistas utilizam dois ou mais desses métodos, para se certificar de que seus cálculos são os mais apropriados e não se esqueceu, ignorou ou minimizou uma variável determinante para expressar um valor verdadeiro de propriedade intelectual.

Em resumo, seguem os métodos.

1º) MÉTODO DO VALOR PRESENTE. Traz-se para o valor presente, ou data zero, o fluxo futuro esperado dos rendimentos líquidos de um novo investimento, ou de um projeto que, embora já em andamento, haverá de trazer rendimentos previstos para um intervalo de tempo especificado do futuro. A determinação da taxa de juros aposta no cálculo, ou do assim definido custo de oportunidade do capital e é um fator crítico para dar veracidade ou confiabilidade a este método. Ele é simples e básico em matemática financeira.

2º) MÉTODO DO VALOR ATUAL LÍQUIDO. Reporta-se para uma data zero, ou atual, o valor diferencial entre receitas e despesas, e considera-se o valor ocorrido e por acontecer dos investimentos. Novamente, as hipóteses que forem feitas sobre a taxa de juros e sua evolução no futuro são determinantes para dar credibilidade a este método. De fato, vale ressaltar que a taxa de juros se compõe da taxa de inflação e de uma taxa de juros real. O analista deverá projetar as vendas da empresa — que dependem de preços, da evolução da inflação, assim como da política monetária adotada pelo Banco Central.

3º) MÉTODO DO *GOOD-WILL*. Este é um método relevante. Quando montado com realismo e bastantes variáveis, pode espelhar a contento o valor de um bem, de um serviço ou de uma propriedade intelectual. Caso suas componentes sejam disponíveis na plenitude, somadas elas darão um marcante *"contour"* para o valor econômico que se quer levantar. Um *good-will* amplo pode considerar a soma do resultado líquido do fluxo de caixa projetado; o valor do fundo de comércio; o capital de giro disponível atual; o valor geral dos intangíveis; o valor residual atual de máquinas e equipamentos, e é sobre este montante que se define uma fração de valor que fornece o quantum da PI.

4º) MÉTODO DO FLUXO DE CAIXA. Este é um dos métodos mais populares e bem aceitos. Contrapõe o diferencial entre receitas e despesas ao valor atual, mediante o uso de um deflator. Normalmente, um fluxo de caixa parte de um saldo de caixa disponível, ao qual se soma por períodos o valor líquido do diferencial entre receitas e despesas. Quanto maior for o diferencial positivo gerador de reservas líquidas financeiras, trazidas a presente, tanto maior será o valor de um bem ou serviço. A fração que se engendrou com a propriedade intelectual, dada como valor absoluto ou como percentual, determina o valor econômico-financeiro final da PI.

5º) MÉTODO DAS OPÇÕES REAIS. Cada vez mais utilizado, representa modernidade de cálculo. Introduz modelos probabilísticos, de ocorrência de eventos intertemporais e aciona variáveis de cenários macroeconômicos, junto a um fluxo de caixa. Isto dá um tom bem realista ao modelo, que pode evoluir com árvores de decisão e oferecer alternativas de evolução diferenciadas a um negócio, dadas as alternativas de cenários que se podem antever.

6º) MODELO DO FLUXO DE CAIXA MODIFICADO. Este modelo mantém a linha de construção do Método do Fluxo de Caixa e introduz a noção de que os agentes formulam e modificam as suas expectativas, na medida em que são mais bem informados, o tempo passa, ou ocorre maior transparência no mundo dos negócios. Isto significa que certas variáveis podem ser alteradas em seu valor, para dar maior realismo aos resultados e não se prende a análise a apenas um valor específico.

7º) MODELO DE REDES NEURAIS. É aplicado para uma formulação que considera a existência de interações relevantes entre as variáveis explicativas de um sistema. Os pontos de interação são críticos na determinação da rede de valor.

8º) MODELO DE MACROPROJETOS DE VALOR. Parte do princípio de que é preciso incluir dados macro e microeconômicos no cálculo de avaliação. Dispõe de dados e informações através de tabulações que se interagem com a geração de indicadores e índices de desempenho esperado de uma propriedade. Quanto melhor é o desempenho esperado dos indicadores, e não apenas de valores trazidos financeiramente ao presente, tanto maior é o valor da PI.

9º) MODELOS DE VALOR PRESENTE ASSOCIADOS À TEORIA DO CAOS. Ainda inovadores e arriscados, partem da expansão a taxa geométrica dos fractais, utilizando-se os modelos de expansão de formas geométricas de Mandelbrot. A associatividade entre taxas de crescimento de vendas exponenciais de produtos de moda pode refletir a mesma formulação intrínseca da expansão de contornos de triângulos eqüiláteros que, sobre um círculo, formam desenhos parecidos a fractais geradores de flocos complexos de bolas de neve.

No fundo, o que se propõe é que quando um produto ou invento é bom, as pessoas o elegem como um bem de consumo atraente e se jogam sobre ele num ritmo frenético. Sobretudo, isto é verdade quando ainda não há bons substitutos para um bem recém-inventado. Vide o exemplo do Viagra. O ponto fraco do modelo reside em determinar quando pára ou diminui o ritmo da demanda e que nova velocidade inserir na previsão de vendas e formação de despesas.

10º) MODELO DE PESQUISA MERCADOLÓGICA E DE PREFERÊNCIAS REVELADAS DO CONSUMIDOR. Este é certamente um modelo trabalhoso, pois implica e exige pesquisa de campo, para selecionar-se uma amostra relevante e representativa de indivíduos que forneça seus hábitos de consumo e demanda por um bem ou serviço associado a uma propriedade intelectual. Contudo, num intervalo de tempo de dois a cinco anos, é o que dá as respostas mais sólidas e credíveis de valor. Reflete a massa dos consumidores e seus hábitos de consumo.

11º) MODELO DE CAPITAL HUMANO INSERIDO — HCIM. Apresenta o valor que corresponde ao esforço econômico de se fazer o bem ou serviço pretendido e o custo alternativo atual de se alcançar o mesmo resultado, com métodos modernos e inventividade e inovação humanas.

12º) MODELOS MISTOS MÚLTIPLOS — MMM. Partem do princípio de que o ideal é manter a independência de cada modelo e solução encontrada. Contudo, propõem que a decisão de valor há de abarcar várias propostas de cálculo, para que os assuntos "fiquem bem cercados e não se esqueça nada". Isto permite que o analista monte com bom senso, entre os onze métodos anteriores, uma combinação de métodos, feitos individualmente e lidos, interpretados em conjunto.

Portanto, conclusivamente, pode-se afirmar que há métodos úteis, relevantes e credíveis para a definição de uma avaliação econômico-financeira de uma propriedade intelectual. A escolha é ponderada e motivada sobre a disponibilidade de dados, o custo da pesquisa e dos levantamentos e o grau de precisão desejado pelo analista e promotor da demanda da avaliação.

Referências Bibliográficas.

Banco Central do Brasil: Relatórios Anuais — 1998/2004.

KASZNAR, Istvan Karoly. *Avaliação Econômico-Financeira de uma Marca Genérica: Estudo Prático* — in Rbmec — Revista Brasileira de Mercado de Capitais, volume 16, n. 42, janeiro/junho 1991.

_____. *ALCA e a Propriedade Intelectual* — in Revista da ABPI, Associação Brasileira da Propriedade Intelectual; maio/junho de 2002.

_____. *Métodos de Cálculo e Projeção de Marcas, Patentes e Direitos Autorais* — Apresentação na Câmara de Comércio Brasil — França; 16 páginas; *Eletropresentation IBCI — Institutional Business Consultoria Internacional*, 2006.

A Tutela dos Direitos Autorais no Campo dos Direitos Fundamentais

João Carlos de Camargo Eboli

Sempre que falamos em *direitos fundamentais* nos vem à mente a suprema e sagrada prerrogativa do cidadão de preservar a sua integridade física e moral diante da arbitrária privação da liberdade, do racismo e da execrável prática de maus-tratos e torturas, que infelizmente ainda marcam a conduta de diversos estados e grupos sociais em pleno limiar do terceiro milênio.

Mas essa visão é por demais estrita diante de tantas outras aspirações básicas da nossa espécie e que se encontram primorosamente arroladas na Declaração Universal dos Direitos do Homem. Quando leio e releio esse irretocável documento, emanado da Organização das Nações Unidas, confesso que abrigo em meu peito, ao mesmo tempo, os sentimentos de orgulho e de frustração, por razões óbvias.

Curiosamente, os dois direitos fundamentais do homem, no campo intelectual, ambos catalogados no art. 27º da Declaração Universal, em seus incisos 1 e 2, podem suscitar um aparente confronto de natureza filosófica.

Diz o inciso 1:

"Toda pessoa tem o direito de tomar parte livremente na vida cultural da comunidade, de fruir as artes e de participar no progresso científico e nos benefícios que deste resultam."

E o inciso 2 preceitua:

"Todos têm direito à proteção dos interesses morais e materiais ligados a qualquer produção científica, literária ou artística da sua autoria."

Portanto, desde 1948 estão bem identificadas e caracterizadas as origens desse aparente (repetirei sempre) conflito entre o interesse intelectual coletivo e a propriedade intelectual.

Estabelecer a harmonia entre esses dois direitos fundamentais constitui talvez o maior desafio das novas gerações de titulares de direitos autorais e das sociedades que os representam. Como sabemos, a Lei nº 9.610, de 1998, que disciplina a matéria em nosso país, preceitua em seu art. 1º que a expressão lata "Direitos Autorais" compreende tanto os direitos do autor, em sentido estrito, consagrados pela Convenção de Berna, de 1886, como os direitos conexos dos artistas intérpretes e executantes, resultantes da Convenção de Roma, de 1961, ambos os Tratados ratificados pelo Brasil e revistos pela última vez em Paris, em 1971.

Esse choque de interesses se acentuou na segunda metade do século XX, quando um novo fator surgiu para acelerar, com mais intensidade do que o cinema, o rádio e a televisão, o processo de comunicação em massa — refiro-me à informática. Para Nicholas Negroponte, a mudança dos átomos para os bits é irrevogável e não há como detê-la. Segundo Negroponte, Thomas Jefferson, que nos legou o conceito de bibliotecas públicas e o direito de consultar livros de graça, jamais considerou a possibilidade de 20 milhões de pessoas terem acesso eletrônico a uma biblioteca digital, podendo retirar dela o material desejado sem nenhum custo. Afirma o mesmo autor que se trata de uma mudança exponencial, que poderá acarretar conseqüências assombrosas (in *A Vida Digital*, tradução de Sérgio Tellaroli, Companhia das Letras, 2ª edição, São Paulo, 2000, p. 10). Na trilha de Negroponte, podemos afirmar que a informática não tem a ver apenas com os computadores. Hoje tem a ver muito mais com a vida das pessoas. O gigantesco computador central, conhecido como *mainframe*, já foi substituído por microcomputadores em quase toda parte. Vimos os computadores mudarem-se das enormes salas com ar condicionado para os gabinetes, depois para as mesas e, agora, para os nossos bolsos e lapelas. Muito em breve nossas abotoaduras ou brincos poderão comunicar-se entre si por intermédio de satélites de órbita baixa e terão um poder de processamento superior ao dos atuais micros. Tudo mudará — dos meios de comunicação de massa às escolas.

Vale reproduzir aqui a sábia advertência do renomado jurista José de Oliveira Ascensão:

"Diz-se que se chega assim à "sociedade da informação". Há um óbvio empolamento do termo; o que há é a sociedade da comunicação integral e não a sociedade da informação. O conteúdo da mensagem transmitida não é necessariamente informação — ou só o é se entendermos informação em sentido de tal modo lato que lhe faz perder toda a precisão. Quem acede a uma página erótica ou pratica um jogo não está a se informar".

Ou seja — acrescentaríamos nós —, nem toda comunicação contém uma informação, como nem toda informação abriga um conhecimento.

Em suma, os modernos meios de comunicação serão sempre *meios*, como o próprio nome já diz, nunca fins em si mesmos, prestando-se, se não houver um mínimo de ética e bom senso, a toda sorte de interesses, manipulações e tendenciosidades.

E como situar os direitos autorais dentro desse novo contexto?

Afinal de contas, diante do avanço da comunicação, especialmente da informática, a vulnerabilidade da propriedade sobre os bens imateriais tornou-se infinitamente maior do que a da propriedade sobre os bens corpóreos. Ainda não se pode invadir fisicamente uma fazenda, ou mesmo um modesto casebre, através da Internet; ou, ainda, se realizar o traslado via *on line* de um automóvel, ou de uma pequena jóia. Ou seja, a propriedade material continua a salvo, pelo menos por enquanto...

Por outro lado, o interesse coletivo pelo uso de obras literárias, artísticas e científicas obviamente cresceu diante do fácil e relativamente barato acesso às mesmas por meios eletrônicos e digitais.

A pergunta, no fundo, é uma só : como conciliar essa sede natural e justa de conhecimento e lazer, de cultura e de entretenimento, que se espalha pelos quatro cantos do mundo, com o legítimo exercício dos direitos intelectuais por parte de seus titulares e com o não menos legítimo direito dos receptores de cultura?

Desde logo, não nos parece razoável que somente os criadores do espírito paguem a conta do progresso tecnológico.

Pergunto: Por que não deveriam pagá-la também no campo da propriedade industrial os grandes laboratórios, oferecendo à coletividade as patentes dos medicamentos a título gratuito, já que a saúde é, exceção feita à vida, o mais fundamental de todos os bens?

Comportamento idêntico deveria ser cobrado ainda dos empresários da construção civil, dos produtores de alimentos, das companhias fornecedoras de água e de luz, como de resto de todos os demais ramos de atividade, cujos produtos destinados ao consumo correspondem a bens essenciais.

Se um terreno, como propriedade privada, é esbulhado, o proprietário poderá apelar para a polícia e promover a expulsão e a punição do invasor através da Justiça.

Já os direitos autorais experimentam momentos de convulsão. O abusivo *"uso pessoal"*, que tem na *"cópia privada"* a sua expressão maior, a crescente *"pirataria"*, consistente na reprodução clandestina e fraudulenta de impressões gráficas, de produções fonográficas, de obras audiovisuais e de programas de computadores, e, por fim, o advento da Internet terminaram por gerar na comunidade autoral internacional um certo sentimento de perplexidade e impotência.

Um denominador comum, contudo, pode e deve ser encontrado para ajustar a irrenunciável proteção aos direitos intelectuais com o crescente interesse coletivo no acesso às letras, às artes e à ciência.

E o primeiro passo talvez esteja em se evitar a paranóia. Freqüentes são as manifestações daqueles mais afoitos que pregam a mudança constante da legislação, para acompanhar o avanço tecnológico, que continua se processando de forma geométrica. Nada mais inadequado e precipitado. Até porque, como salienta com bastante ênfase e propriedade, em suas manifestações sobre o assunto, o advogado especialista João Carlos Müller Chaves, os princípios básicos que motivam os direitos intelectuais continuam os mesmos e se encontram estampados nas já citadas Convenções de Berna e de Roma.

Impõe-se apenas a progressiva atualização da legislação autoral, sempre de forma equilibrada e coerente, sem perder de vista, como nos ensina Müller Chaves, os princípios gerais. Duas são as modalidades genéricas de uso da criação intelectual na área autoral: a reprodução, aí compreendida a distribuição, e a comunicação ao público de obras e de fonogramas. Isso não mudou. Novas formas de utilização surgiram, sobretudo em virtude do grande avanço tecnológico, mas sempre em função daquelas citadas ou delas derivadas, como espécies do mesmo gênero.

Assinale-se que o progresso exponencial dos veículos de comunicação ampliou muito mais os meios de utilização do que propriamente as modalidades de uso das obras e das produções. Não se pode confundir modalidade de uso com a tecnologia aplicada à utilização dessa ou daquela modalidade. A utilização fonográfica de uma obra musical será fonográfica do mesmo jeito, independentemente do formato do suporte material que reproduz o respectivo fonograma, não importa se for o antigo LP ou o atual CD.

Destarte, tal avanço, antes de desafiar o direito substantivo dos autores em sua essência e contornos, pode, isso sim, dificultar-lhes o exercício desse direito.

Tanto isso é verdade que quando a OMPI, em 1996, para atender às exigências dos novos meios de difusão de obras intelectuais, como a Internet, houve por bem patrocinar dois novos tratados multilaterais, um sobre direitos do autor (WIPO Copyright Treaty, ou WCT) e outro sobre intérpretes e fonogramas (WIPO Performances and Phonograms Treaty, ou WPPT), teve a sabedoria e a cautela de destacar expressamente que tais tratados preservam e reafirmam os princípios das Convenções de Berna e de Roma, estabelecendo um necessário equilíbrio entre a doutrina do "Droit D'Auteur", voltada mais para a pessoa do autor, reconhecendo-lhe inclusive a titularidade de direitos morais, e a do *Copyryght*, que dá mais ênfase à obra em si, tratando-a como mercadoria.

Bom mesmo que prevaleça esse equilíbrio, até para desencorajar certos movimentos internacionais como o *Creative Commons*, que, a pretexto de assegurar o acesso do povo à cultura e às artes através da Internet, pode estimular a afronta à propriedade intelectual dos titulares de direitos autorais, acarretando incalculáveis prejuízos para os autores e para os artistas.

O *Creative Commons* não deve ultrapassar os limites de uma grande licença para converter-se numa desmesurada licenciosidade, altamente nociva aos direitos autorais, capaz mesmo de desestimular a produção intelectual, na medida em que reduzirá substancialmente o faturamento dos criadores do espírito pelo uso de suas obras e interpretações.

Nunca se falou tanto no Brasil em "defesa do consumidor" e em "livre acesso à cultura". Que bom que assim seja, mas que a preservação de tais princípios se dê sem o sacrifício do legítimo exercício dos direitos autorais em benefício de outros setores da economia, o que me soa como algo demagógico no seio de uma sociedade capitalista, sujeita às regras do mercado.

No que tange ao uso pessoal ou privado, o denominado *fair use*, a tolerância deve se revestir da máxima prudência e moderação.

Em 2001, por exemplo, quando o Napster ainda funcionava irregularmente, foram feitas, somente no mês de fevereiro, 2.790.000.000 de *downloads*, enquanto durante o ano de 2000 foram vendidos, em todo o mundo, cerca de 2.511.000.000 de suportes materiais, entre CDs, minidiscs, cassetes e LPs. Essa troca de arquivos por certo não resistiria ao chamado *teste tríplice*, pois efetivamente não se trata de um "caso especial", que "não prejudica a exploração da obra", nem "causa prejuízo aos legítimos interesses do autor". A verificação da ocorrência dessas três condições é o que a comunidade autoral denomina, como dito acima, de *teste tríplice*, derivado do art. 9.2 da Convenção de Berna, antes específico para o direito de reprodução e que agora se aplica também a todos os direitos exclusivos, conforme disposto no art. 13 do Acordo sobre Aspectos de Direitos de Propriedade Intelectual Relacionados ao Comércio — ADPICs, ou TRIPs, na sigla inglesa, que integra o Acordo Constitutivo da Organização Mundial do Comércio — OMC.

Já a *"pirataria"* reprográfica, fonográfica e audiovisual, tão debatida no meio autoral, configura um crime e, como tal, deve ser drasticamente combatida. A fórmula é simples, não porque seja a melhor ou mais eficiente, mas porque é a única: deve-se promover, como ocorreu no Brasil com o advento da Lei nº 10.695, de 2003, o agravamento das figuras típicas previstas no Código Penal no que concerne aos crimes contra a propriedade imaterial e, obviamente, a intensificação da ação policial, além, é claro, de campanhas institucionais capazes de esclarecer os usuários, de preferência com a participação ativa de autores e artistas famosos, que, além de diretamente interessados, mobilizam a mídia e são poderosos agentes formadores de opinião pública. Essencial será, no âmbito do continente-sulamericano, que a ação da polícia seja realizada de forma integrada entre os governos dos diversos países e se faça sentir com maior intensidade nos grandes corredores de circulação internacional de produtos "piratas", verdadeiros paraísos de contrabandistas, como são os casos das fronteiras vivas do Brasil com o Paraguai e com a Bolívia.

Entretanto, toda moeda tem duas faces. As exigências do bem comum e os fins sociais a que uma lei se dirige devem, em certos casos, prevalecer sobre os direitos individuais, quando da aplicação da lei pelo juiz. Aliás, essa preocupação com o aspecto social e coletivo se torna cada vez mais intensa em todo o mundo. Esse processo de democratização do conhecimento e da cultura, oriundo sobretudo da emblemática invenção da velha prensa com tipos móveis de Gutemberg e da Revolução Industrial, tornou-se exponencial, como já salientamos, com o advento do rádio, da televisão e, por fim e sobretudo, da informática.

Como bem salienta Eliane Y. Abrão, os principais fins sociais a que visam as leis autorais são *a promoção da cultura e o avanço do conhecimento, que não se esgotam no privilégio temporário conferido ao autor e à obra.* (in Direitos de Autor e Direitos Conexos, Editora do Brasil, 1ª edição, 2002, São Paulo, p. 218). O uso da expressão monopólio em lugar de privilégio não descaracterizará o conceito, que deve merecer a nossa desapaixonada reflexão. Para Eliane Abrão, a *função das leis autorais é, não só a de coibir o uso ilícito dos direitos e obra, mas, e principalmente, a de garantir a proteção ao seu uso lícito.* (obra citada, p. 217)

Eliane enumera uma série de situações em que ocorre abuso de direito autoral, em detrimento do interesse coletivo. Destacaríamos algumas situações mais freqüentes, como, por exemplo, quando se pleiteia a proteção para métodos, sistemas, formatos, idéias e todos os demais atos e conceitos que se encontrem dentro do campo de imunidade do direito autoral; quando se restringem as limitações impostas aos usos livres das obras em função da ordem pública ou de direitos alheios, impedindo que uma pessoa ou grupo de pessoas exerçam a crítica ou o estudo de obra preexistente; ou, ainda, quando se tenta influir na liberdade criativa do intérprete; ou quando se investe contra a paródia ou a caricatura alegando ofensa inexistente; ou mesmo quando as pessoas que necessitam da criação de um autor, como matéria-prima de sua atividade profissional, abusam de sua superioridade econômica ou política para açambarcar através de contratos leoninos todas as formas de uso da obra, por todos os meios e processos, com alcance e comercialização garantida em todos os países, sem limitação no tempo; ou, também, os herdeiros que impedem o uso regular das obras criadas pelo autor, impondo ônus excessivos ou embaraços à livre circulação do bem cultural. Em suma, como afirma Eliane, *a lista é enorme e deve ser cuidadosamente analisada.* (obra citada, p. 218).

Concluo este breve artigo afirmando que, assim como é justo e legítimo que um agricultor seja remunerado pelo uso dos bens que produz para alimentar o nosso corpo, é igualmente justo e legítimo que um criador intelectual seja condignamente remunerado pelo uso dos bens que produz para alimentar o nosso espírito. Mas tanto o agricultor como o autor deverão, em nome dos direitos fundamentais do homem, atentar sempre, ao estabelecer os preços e demais condições para o consumo e a utilização de seus respectivos produtos, às necessidades sociais, econômicas e culturais da coletividade a que pertencem os consumidores e usuários de tais bens. É o que recomendam o equilíbrio e o bom senso, inclusive, reafirmo, diante da realidade da economia de mercado que rege as relações comerciais.

Eis aí o princípio básico da convivência harmônica entre o direito autoral e os direitos de todo cidadão de participar livremente da vida cultural e de fruir as artes e o progresso científico, com os benefícios daí resultantes.

Indicações geográficas e países em desenvolvimento

José de Oliveira Ascensão

1. A igualdade formal oculta a diversidade substancial das posições

A problemática dos direitos industriais em face dos países em desenvolvimento carece de ser sempre mais aprofundada.

É um fato que o direito industrial (ou propriedade industrial) se gerou nos países industrializados. Retrata com muita fidelidade a situação, necessidades e interesses desses países.

Mas a internacionalização do direito industrial, que está na lógica de todo o direito intelectual — atribuo para que me atribuas — levou a estender progressivamente aos países não industrializados essas vinculações. O movimento tem o seu apogeu no ADPIC/TRIPS, Acordo sobre os Direitos de Propriedade Intelectual Relativos ao Comércio, anexo ao Tratado que criou a Organização Mundial do Comércio. Esse Acordo leva a um grau inusitado de empolamento e pormenorização das vinculações em matéria de propriedade intelectual.

Os países em desenvolvimento, para participarem no comércio mundial, têm de aderir ao Acordo, interesse-lhes ou não o conteúdo deste; caso contrário, perdem a possibilidade de exportar os seus produtos, e, sem exportações, não subsistiriam. São assim forçados a aceitar um regime próprio das relações entre países industrializados, que com grande freqüência é inadequado à situação em que se encontram. Assumem deveres, quando não estão em condições de beneficiar das vantagens que deveriam ser a contrapartida daqueles.

Na realidade, não são apenas os países em desenvolvimento que ficam constituídos naquela situação. Embora noutro grau, o mesmo se passa com países que atingem um grau razoável de desenvolvimento, mas são países menos desenvolvidos. Não têm nomeadamente a capacidade industrial e tecnológica geral que foi a base das relações entre países industrializados.

Calcula-se que esses dois grupos de países, em desenvolvimento e menos desenvolvidos, sendo a maioria dos países do mundo, têm escassa participação no comércio mundial: participariam em conjunto apenas com 30%. São números que merecem sempre reserva pela variabilidade dos critérios a que se recorre, neste caso agravada pela necessidade de demarcação da categoria intermédia "países menos desenvolvidos". Mas o resultado pode pecar, quer por excesso quer por defeito. O que interessa é que estes países estão em posição diminuída no comércio mundial e, não obstante, sujeitos às obrigações, que se vão tornando plenas, no domínio do direito intelectual.

Este desequilíbrio tem sido notado. Aparentemente, procura-se corrigi-lo. Porém a lentidão é exasperante e as notícias recentes sobre a sorte do Acordo de Doha levam a pôr em dúvida os objetivos proclamados.

2. Ilustração: patente e transferência de tecnologia

Fixemo-nos porém no direito industrial. Verificamos que se estabelecem regras iguais para situações diferentes. O discurso genérico sobre a propriedade industrial não condiz com esta diversidade de situações.

Ilustremos com um exemplo: o que se passa no domínio das invenções.

Nos países desenvolvidos o fundamento proclamado é o do prêmio da atividade inventiva. Mesmo aí terá de ser corrigido, observando-se que a invenção representa um subproduto da grande empresa e que a patente protege hoje muito mais o investidor que o inventor.

Mas nos países em desenvolvimento a patente tem escassíssimo significado. Não há o desenvolvimento tecnológico que é o húmus da invenção. Nem o inventor isolado teria sequer meios de proteger a sua patente.

Ainda que os conhecimentos hoje patenteados fossem do domínio público, esses países continuariam sem tirar nenhum proveito deles. As necessidades desses países levariam a soluções muito diferentes.

O que é essencial para eles não é a patente, que não saberiam aproveitar mesmo que lhes fosse oferecida. O que é essencial é a transferência de tecnologia.

Para esses países torna-se vital ultrapassar a fratura tecnológica que os impede de tirarem partido das invenções, mesmo quando estas tombam no domínio público. Particularmente o saber fazer ou *khow-how*, considerado o conteúdo fundamental de toda a transferência de tecnologia.

Isto ilustra como o panorama é nesses países muito diverso. A patente é para eles um encargo, mas não chega sequer a ser um instrumento disponível, pois só o é nas relações dos países desenvolvidos entre si. O que àqueles interessa é a transferência de tecnologia. Há por isso que assegurar a efetividade desta — como *transferência* mesmo, não como exercício alheio no país da tecnologia pelos detentores desta. Este revela-se o fulcro dos esforços neste domínio.

3. As grandes clivagens na matéria de indicações geográficas

Mas isto não nos deve levar a conclusões apressadas.

O que daqui se retira não é que o direito industrial não interessa aos países em desenvolvimento.

O que retira é, sim, que o *direito industrial interessa de modo diferente aos países em desenvolvimento*.

Há que procurar os domínios e os regimes concretos que sejam adequados a esses países, para que também possam ser partes a corpo inteiro do sistema.

O que pretendemos com este escrito é chamar a atenção para a importância que um instituto, relativamente secundário dentro do direito industrial dos países industrializados, pode ter para os países em desenvolvimento.

Referimo-nos às *indicações geográficas*. Perante a ambigüidade da expressão, haverá que esclarecer previamente o que entender por tal.

Vamos partir da previsão da *falsa indicação geográfica de proveniência*, para acompanhar a partir daí a evolução ocorrida até a situação atual.

As falsas indicações de proveniência foram previstas logo na Convenção da União de Paris (CUP) no art. 10, evidentemente para as reprimir.

Pouco depois, em 14 de abril de 1891, por aquela proteção ser considerada insuficiente, é assinado o Acordo de Madri sobre a repressão das falsas indicações de proveniência, destinado sobretudo a prever a apreensão de mercadorias em contravenção pelas alfândegas.

Seria porém necessário esperar por 1958 para haver uma proclamação internacional significativa nesta matéria: o Acordo de Lisboa, para proteção das denominações de origem e seu registro internacional.

Neste caso não há já apenas a repressão de falsas indicações de proveniência: há, diretamente, a proteção das *denominações de origem*. São caracterizadas como indicações geográficas de proveniência cujas características são devidas exclusiva ou essencialmente ao meio geográfico, incluindo os fatores naturais e os fatores humanos.

Mas é também a partir daí que se manifestam várias clivagens entre os países.

Primeiro, porque o Acordo é diversamente acolhido. Alguns países tornam-se partes nele, outros não. Como linha geral de demarcação, podemos dizer que o acolhem os países mais tradicionais, como os países mediterrânicos europeus, e o rejeitam países mais novos, como os Estados Unidos da América e a Austrália, que não estão interessados em impedir a utilização nos seus territórios das designações tradicionais daqueles.

A segunda clivagem dá-se no nível do tipo de proteção outorgada.

Aparentemente, o Acordo de Lisboa preveria um direito industrial específico, que seria como os outros um direito exclusivo.

Mas, afinal, encontramos duas orientações muito diferentes, mesmo entre os países que são parte no Acordo. Alguns prevêem efetivamente esse novo tipo[1]. Outros, pelo contrário, entendem que só se comprometeram quanto a dar prote-

---

1 Ou continuam a prevê-lo, se já o previam antes, como Portugal desde 1940.

ção, mas não quanto ao tipo de proteção a conceder. É o caso da Alemanha, em que a proteção é outorgada apenas nos termos da concorrência desleal[2]. A denominação de origem não representa então o objeto de um direito absoluto de quem é legitimado para a defender.

Esta clivagem mantém-se ainda hoje, perante os sucessivos instrumentos internacionais ou supranacionais de proteção que foram sendo elaborados.

A terceira clivagem é de ordem terminológica.

Temos já as expressões "indicações geográficas de proveniência" e "denominações de origem". Outras acrescerão, particularmente a de "indicação geográfica", simplesmente.

Todavia, o significado dessas expressões é diversamente entendido, de país para país ou até de um texto internacional ou supranacional para outro. Cria-se assim uma perigosa distonia internacional, porque as expressões acabam por ser utilizadas pelos autores e tribunais em sentidos diversos.

Há que ter presente esta nova diversidade, na breve análise das fontes internacionais que nos propomos seguidamente realizar[3].

4. Os instrumentos posteriores: a Comunidade Européia e a OMC

Hoje em dia, são particularmente importantes no plano internacional o Regulamento n.º 2081/92 de 14 de julho, da Comunidade Européia, e o ADPIC/TRIPS.

---

2   A que acresce uma previsão ambígua na Lei das Marcas.
3   Sobre as indicações geográficas em Portugal e na Comunidade Européia há que realçar a proficiente obra de Alberto Ribeiro de Almeida, nomeadamente a monografia *Denominações de Origem e Marca*, Coimbra Editora, 1999. Vejam-se também os artigos que escreveu em vários volumes da Coletânea da APDI/Almedina, *Direito Industrial*.

O Regulamento 2081/92 fez bifurcar a terminologia: ao lado da denominação de origem aparece a indicação geográfica, como tipo alternativo. Mas a *indicação geográfica* não se confunde também com a *indicação geográfica de proveniência*, pois tem um âmbito mais restrito.

A *indicação geográfica* seria caracterizada por a reputação, uma qualidade determinada ou outra característica do produto *poderem ser atribuídas* à origem geográfica. Em contrapartida, para a denominação de origem exige-se que as características dos produtos *se devam essencial ou exclusivamente ao meio geográfico*.

A distinção tem em si pouca importância, porque o regime estabelecido para as duas categorias é essencialmente o mesmo. Assim acontece também nos países europeus que a acolheram, como Portugal[4]. Mas aumenta a confusão terminológica, pois a mesma expressão, *indicação geográfica*, será acolhida no ADPIC com sentido diferente.

No plano da repercussão substantiva, os países europeus ficaram evidentemente vinculados a outorgar proteção. Mas persiste a ambigüidade assinalada, uma vez que a divergência quanto à outorga ou não de direito exclusivo não é ultrapassada. Cada país dá proteção à sua maneira.

A incidência material do Regulamento é assim escassa, até porque os países europeus já outorgavam, nos pontos básicos, alguma proteção. Essa incidência é ainda mais reduzida considerando que as duas categorias previstas podem ser fundidas numa só: pode falar-se numa noção de indicação geográfica em sentido amplo, que abrange quer a denominação de ori-

---

[4] Cfr. o nosso *Questões problemáticas em sede de indicações geográficas e denominações de origem*, in RFDL, vol. XLVI, n.º 1, 2005, 253-269; e *in Estudos em Homenagem ao Professor Doutor André Gonçalves Pereira*, FDL/Coimbra Editora, 2006, 1009-1025.

gem quer a indicação geográfica em sentido restrito. O regime, como dissemos, é afinal o mesmo. O Regulamento, substancialmente, limita-se a ampliar a vinculação de proteger também em relação à denominação de origem, tal como definida no Acordo de Lisboa de 1958.

A incidência passa a respeitar sobretudo ao aspecto organizatório, com a da instauração dum registro centralizado destas figuras.

Por outro lado, temos o ADPIC.

Os arts. 22 a 24 deste regulam as *indicações geográficas*. Mas a indicação geográfica do ADPIC não é a indicação geográfica do Regulamento n.º 2081/92. Aproxima-se mais da denominação de origem, embora também se não confunda com esta.

O art. 22/1 dispõe que há indicação geográfica "caso determinada qualidade, reputação ou outra característica do produto seja essencialmente atribuível à sua origem geográfica".

A figura está muito mais próxima da denominação de origem do Acordo de Lisboa e do regulamento, pois exige que seja *essencialmente atribuível*... Traduz um entendimento restritivo da categoria, bem compreensível pela intervenção de países como os Estados Unidos da América, pouco entusiastas da extensão da proteção. Mas há um elemento que não é compatível com a denominação de origem e torna a figura consagrada afinal uma realidade mista: a referência, não apenas a qualidades intrínsecas do produto, mas ainda à *reputação*. A reputação não é atribuível à origem geográfica — *essencialmente*, ainda por cima. O tipo consagrado passa a ser um híbrido; a confusão terminológica subsiste.

No plano substancial, subsiste a ambigüidade quanto à natureza jurídica da figura. Diz-se no n.º 2 que os membros proporcionarão os meios legais necessários para impedir... Mas não se diz que os beneficiários têm um direito exclusivo.

Como tal, a diversidade da moldagem da proteção, de país para país, mantém-se inalterada, não obstante a aplicação do ADPIC.

O efeito do ADPIC é assim apenas o de impor universalmente uma proteção mínima, que dificilmente representará uma inovação para os países desenvolvidos aderentes. Algum avanço só se verifica na especificação de regimes a adotar, particularmente para vinhos e bebidas alcoólicas (arts. 22 e 23)[5].

5. A "indicação de procedência"

Esta insegurança, terminológica e de regimes, não é favorável à expansão e consolidação da figura. Não há modelos firmes e transparentes a que se acolher.

É possível que essa mesma ambigüidade se venha a refletir na lei brasileira.

O art. 2 da Lei n.º 9279, de 14 de maio de 1996, dispõe que a proteção dos direitos relativos à propriedade industrial efetua-se mediante:

"IV — repressão às falsas indicações geográficas".

Não se escreve aqui *concessão*, como nos incisos anteriores, mas *repressão*. Portanto, nada faz suspeitar da consagração dum direito exclusivo. A mera repressão é análoga à que se dispõe a seguir para a concorrência desleal, na qual aliás a repressão das falsas indicações geográficas se integra, pelo menos parcialmente.

---

5 Correm negociações no sentido de rever, ampliando, a proteção facultada pelo ADPIC.

O título geral adotado é o de *indicações geográficas*, com toda a carga de equívoco que está atrelada a esta expressão.

A matéria é regulada nos arts. 176 a 182. O art. 176 dispõe: "Constitui indicação geográfica a indicação de procedência ou a denominação de origem". Ao contrário do que a redação poderia fazer crer, não se identificam as duas categorias, que são separadamente definidas nos artigos seguintes.

Enquanto a definição de *denominação de origem* (art. 178) é a conforme ao Acordo de Lisboa de 1958, a de *indicação de procedência* (art. 177) apresenta uma novidade que parece dissociá-la da tradicional indicação geográfica de proveniência: exige-se que o nome geográfico *se tenha tornado conhecido*...[6] Isto extrapola das noções estabelecidas de indicação geográfica de proveniência, uma vez que esta fundamenta a repressão das falsas indicações, não dependendo de a indicação adotada se ter tornado conhecida ou não. Temos de concluir que se introduz assim *indicação de procedência* como outra categoria autônoma, num conjunto já tão pejado de distinções.

6. Regime

Os arts. 179 a 181 estabelecem determinações concretas de proteção, em que não podemos alongar-nos.

O art. 182 determina, bem, que o uso da indicação geográfica é restrito aos produtores e prestadores de serviços estabelecidos no lugar. Não fala porém na titularidade dum direito.

---

6 Assim, foi registrado como indicação de procedência "Vale dos Vinhedos", designação da principal zona produtora de vinho do Brasil, situada no Rio Grande do Sul.

É importante o § único: "O INPI estabelecerá as condições de registro das indicações geográficas". Foi efetivamente criado este registro[7].

Perante isto, há que perguntar se o que está estabelecido, e nomeadamente a previsão dum registro, é suficiente para outorgar às indicações geográficas a categoria de direito exclusivo.

É natural a perplexidade dos juizes e autores brasileiros perante este panorama. Enquanto no *Comentário à Lei de Propriedade Industrial* do IDS[8] se afirma que a repressão às falsas indicações geográficas se refere a atos que não ferem direitos exclusivos de propriedade industrial. Já Marcos Fabrício Welge Gonçalves parece orientar-se em sentido oposto, ao falar em "direito exclusivo à indicação geográfica [que] só nasce quando do reconhecimento do registro"[9].

A questão é de larga indagação e depende da análise de muitos fatores. A mera criação dum registro não é bastante para a atribuição dum direito exclusivo. Mas há que contar com fontes posteriores, em diferentes níveis hierárquicos, que vão introduzindo no Brasil situações que beneficiam de proteção[10]. Todas elas têm de ser consideradas para permitir no final uma conclusão sobre a natureza dos direitos outorgados.

É importante notar que semelhante direito, a ser reconhecido, só pode ser um direito das pessoas que na região geográ-

---

7 Cfr. o Ato Normativo n.º 143/97 e a Resolução n.º 75/2000.
8 Instituto Dannemann Siemsen de Estudos de Propriedade Intelectual, Renovar, 2005, *sub* art. 2 IV.
9 Em *Indicações Geográficas*, obra que tivemos a satisfação de prefaciar e se encontra em vias de publicação.
10 A análise individualizada e cuidadosa destas encontra-se na referida obra de Welge Gonçalves, *Indicações Geográficas*.

fica determinada exercem aquela atividade (art. 182). É porém um direito comunitário ou em mão comum, pois não é susceptível de parte ou divisão.

Por outro lado, o art. 182, ao estabelecer que nas denominações de origem se exige a satisfação de requisitos de qualidade, exclui implicitamente que isso se exija nas indicações de procedência. Criar-se-ia assim um inusitado direito respeitante a uma indicação geográfica, em que a manutenção da qualidade não teria relevância jurídica.

7. A mais-valia dos produtos especializados pelo meio geográfico

É tempo, fortes destas noções, de passar à problemática própria dos países em desenvolvimento.

Estes países defrontam a urgente necessidade, perante um enquadramento internacional adverso, de defender as suas pertenças. Terão de fazê-lo, não obstante a complexidade da civilização tecnológica em que se vêem imersos.

É problemática que se faz sentir também neste domínio. Não foi em proveito desses países que o regime da Propriedade Intelectual se desenvolveu. Todavia, perante a fatalidade da aceitação do esquema vigente, há que procurar os aspectos em que poderão tirar dele benefício.

Assim se passou por exemplo na proteção do *folclore*. Todos os países têm o seu folclore. Este é objeto de interesse crescente por parte dos países desenvolvidos. Pensou-se então em criar um direito intelectual, da índole dos direitos de autor, que faria reverter para esses países proventos cobrados em contrapartida das utilizações que se fizessem do seu folclore. Há meio século que se discute o regime internacional que permitiria cobrir essa pretensão. Os avanços têm sido quase nulos, perante o desinteresse real mas não declarado dos países desenvolvidos por tal esquema.

Talvez o caminho não tenha sido o melhor. As dificuldades são muitas, e a reversão efetiva dos benefícios para os povos que geram realmente o folclore é muito duvidosa, em zonas em que o poder é antes de tudo patrimonial. O apoio aparente no direito de autor não é sólido.

Mas há que prosseguir na busca dos pontos em que o sistema possa trazer vantagens. E isso leva-nos a uma reflexão, no domínio do direito industrial, sobre as indicações geográficas, justamente. Estas oferecem uma pista já aberta, que apenas há que saber explorar devidamente.

8. Os produtos e a localização geográfica

Em primeiro lugar: toda a localização geográfica é única. Nenhuma região se repete.

Em cada região, a experiência histórica soube encontrar e melhorar produtos para os quais a natureza é particularmente favorável. Esses produtos podem dar-lhes pontos numa concorrência que tende cada vez mais a ser qualitativa. Damos como exemplo, entre tantos possíveis, o que se passa em duas ilhas que constituíram territórios portugueses, São Tomé e Timor. Em ambas há café de excelente qualidade, numa pequena zona de São Tomé e num âmbito mais alargado em Timor. As condições naturais permitiram essa qualidade única. Mas situações privilegiadas desta ordem são observáveis por todo o lado.

Repare-se que falamos apenas em produtos, e não em serviços. A proteção das indicações geográficas pode estender-se aos serviços; a lei brasileira procede já expressamente assim. Porém a qualidade dos serviços não se apresenta com a mesma visibilidade imediata nos países em desenvolvimento, pelo que limitaremos a nossa pesquisa aos produtos.

Estes países têm todo o interesse em valorizar o que lhes é específico e que surge assim, antes de mais, como uma dádiva do meio natural em que se inserem.

O tipo das "indicações geográficas" revela-se o instrumento adequado para esse fim. É uma figura já prevista e adotada internacionalmente. Não se têm de criar novos instrumentos internacionais, o que diz a experiência que seria de êxito muito duvidoso. Basta-lhes adequar a situação jurídica interna e tirar daí posteriormente as conseqüências internacionais já estabelecidas.

O instrumento internacional básico a ter hoje em conta é o ADPIC. Por isso, a definição do art. 22/1 deste de indicação geográfica tem de ser o pólo de toda a ação. Tem este por objeto os produtos apenas, e não os serviços, o que vimos ser adequado à situação dos países em desenvolvimento.

Por essa disposição, recorde-se, atende-se aos produtos em que determinada qualidade, reputação ou outra característica seja essencialmente atribuível à origem geográfica.

Não há que ir além destes limites, pelo menos para o efeito que se pretende. Há que verificar quais os produtos cujas qualidades ou características são essencialmente geradas pelo meio geográfico. Quanto à reputação, se não existe, há que criá-la com base nessas especificidades. O direito à indicação geográfica pode contribuir justamente para esse efeito.

Mas tudo isto pressupõe uma estruturação interna, normativa e organizativa. Há opções importantes a fazer. Passamos a esboçar o regime que se apresente como mais adequado.

9. Coordenadas do regime interno pressuposto

O regime interno a estabelecer por cada país é fundamental para obter proteção internacional no domínio dos direitos industriais.

Cada país pode, nos termos das convenções de que é parte, reclamar às outras partes a proteção prevista para esses direitos. Mas há quem sustente que só a pode reclamar se esses direitos forem contemplados também na sua lei interna. Não o poderia fazer se a sua própria ordem jurídica não outorgasse essa proteção.

A manifestação destes princípios é aqui muito clara logo no que respeita à primeira opção a tomar: atribuir um direito privativo ou uma mera proteção contra as falsas indicações de proveniência.

Há que recorrer ao modo mais forte de proteção, que é a atribuição do direito privativo. Isso permitirá que essa proteção seja reclamada no exterior, em toda a medida em que isso couber nos textos internacionais, particularmente no ADPIC.

O direito à indicação geográfica deve assim apresentar-se como um direito exclusivo, assegurado pela lei interna nos termos que exporemos seguidamente.

A segunda grande opção consiste em admitir as indicações geográficas de fato, ou apenas as resultantes de registro.

Parece-nos claro que devem ser admitidos direitos exclusivos a indicações geográficas meramente de fato.

A estruturação orgânica nesses países é freqüentemente débil. Fazer depender tudo de uma atividade de registro anularia com freqüência o sistema. Não há desde logo que confiar muito na iniciativa de tal constituição, ensina-nos a prática, tal como na eficácia dos serviços, se porventura criados. Assim, os produtos teriam imediatamente proteção, desde que na prática local essa indicação geográfica valha.

Isto não representa nenhuma anomalia. Em países tão importantes como a Alemanha vigoram as marcas de fato: exige-se-lhes apenas que se tenham imposto como tal na prática negocial. Pois também as indicações geográficas devem ser protegidas com base apenas na valia que tenham adquirido no mercado. Não é nada que cause espanto ao jurista brasileiro, pois no Brasil tantos produtos são conhecidos pela sua origem geográfica, embora na ausência de qualquer tipo de registro como indicação geográfica.

A terceira grande opção a fazer diz respeito à necessidade de centrar o sistema numa preocupação de garantia de qualidade.

Em si, a indicação geográfica pressupõe sempre uma determinada qualidade ou característica valiosa.

Só tem sentido tornar a proteção da indicação geográfica um objetivo nacional se essa qualidade se mantiver. A degradação da qualidade será tomada como logro e porá mesmo em causa a validade da indicação geográfica. Só pela qualidade esta se poderá impor.

Administrativamente, a política de qualidade traduzir-se-á numa atividade de fiscalização, que impeça o aproveitamento fraudulento do favor conseguido pelo produto, mediante a introdução de produtos de qualidade inferior a coberto do mesmo sinal distintivo.

Juridicamente, porém, a garantia de qualidade deve ser assegurada, como objetivo e fundamento da proteção da indicação de origem. Se ela protege determinadas qualidades ou características reais que são oferta da natureza, essas têm de ser conservadas, se possível melhoradas até. A preservação da qualidade torna-se assim condicionante da proteção legal.

A garantia da qualidade só será devidamente satisfeita se houver uma *organização* que a imponha.

Nada tão efetivo como essa organização ser emanação dos próprios interessados. Aos órgãos públicos já basta a supervisão.

E com isto chegamos a outra opção. Dissemos que havia que reconhecer as indicações geográficas de fato. Mas a preferência deve ser dirigida para as indicações de direito, com o devido registro.

E isso porque o registro supõe que se chegou a uma organização. Essa organização estabelecerá regras. Desde a delimitação da área geográfica em causa até a fixação das qualidades constitutivas, passando por todas as regras de cultivo, conservação, embalagem, etc., só uma organização de interessados o assegurará. O registro sustenta assim, quer a organização, quer as regras de preservação da qualidade.

Todo o humano abusa, se não for controlado. As organizações tendem a tornar-se monopólios que favorecem alguns à custa dos restantes. É necessária uma fiscalização. A questão é altamente delicada, mas não há maneira de evitar que essa fiscalização caiba em última análise aos órgãos públicos, com recurso a juízo caso necessário.

E chegamos à grande opção.

Quem é o titular da indicação geográfica? O Estado? A organização dos produtores?

Nem um nem outro. Nada tão verdadeiro como atribuir essa titularidade aos que, no local, exploram efetivamente aquela atividade. São esses que têm o direito. Não o recebem por favor de alguma estrutura administrativa da indicação geográfica ou do Estado. Automaticamente o têm desde que exerçam a atividade, tal como o perdem se se afastam daquele local. Terão porém de conformar-se com as regras legitimamente emanadas sobre o exercício da atividade.

Com isto se impede que a burocracia se apodere parasitariamente da indicação geográfica, ou que grupos que chegarem ao poder na organização dos produtores monopolizem esta ao serviço dos seus interesses.

Com esta estruturação, se conseguida, a indicação geográfica servirá os interesses das pessoas, em condições de igualdade. E com isso servirá os interesses dos países em desenvolvimento que estiverem em causa, em vez de interesses espúrios que deturpem o seu sentido.

Sendo assim, há que assegurar que a indicação geográfica fique na titularidade comum e efetiva das pessoas que naquele local exercem efetivamente a atividade.

10. A projeção internacional

A promoção da indicação geográfica a cargo dos países em desenvolvimento serve sobretudo a interesses ligados à projeção em países estrangeiros, quer para efeitos de exportação, quer pela atração turística que possam representar.

Realizada a estruturação interna, a difusão no exterior do conhecimento do produto assim designado cabe à área política, em sentido amplo. Com essa difusão obtém-se a reputação do produto. É domínio em que obviamente não nos cabe entrar. Acentuamos que a reputação adquirida pelo produto está estritamente ligada à qualidade que se assegurar, sem o que os esforços de promoção serão vãos. Se a qualidade se mantiver, essa mesma representará por si forma de promoção do produto, com vantagem recíproca do país de origem e dos destinatários exteriores.

A questão jurídica que se estabelece é a da defesa dessa indicação geográfica no exterior.

A salvaguarda das indicações geográficas (usamos a terminologia do ADPIC) tem sido difícil. Sirva de exemplo o relacionamento entre a Comunidade Européia e os Estados Unidos da América nesta matéria. Mesmo sob a égide da OMC têm-se arrastado processos, com avanços e recuos, com compromissos *ad hoc*, com promessas de alterações para futuro... É um meio em que os países menos poderosos terão seguramente muitas dificuldades a enfrentar.

Além disso, qualquer litígio que se estabeleça contra designação em contrafação sairá caro, obrigando ao exercício de meios processuais, quase sempre em países estrangeiros.

Os mecanismos da OMC facilitam algo neste domínio. Devem ser aproveitados, no âmbito possível.

Em qualquer caso, o reconhecimento mínimo, assegurado pelos arts. 22 a 24 do ADPIC, dá uma base muito mais segura que a das previsões internacionais antecedentes. Essa base permite uma segurança relativa na litigiosidade. Uma política atenta de vigilância no exterior e a cooperação com países com interesses semelhantes complementam os meios ao dispor dos países em vias de desenvolvimento.

Para avançar mais, teríamos de progredir pelo direito internacional aplicável. O que é um domínio de alta indagação e alto risco, em que nos não podemos aventurar[11].

Digamos que as convenções internacionais se baseiam nos princípios da assimilação ou tratamento nacional e no princípio da territorialidade. Pelo primeiro, o nacional de outra parte contratante[12] usufruirá do mesmo regime que os nacionais do país de proteção. Assim, o inventor estrangeiro pode beneficiar duma patente de invenção. Mas não é isso que interessa agora, mas sim que seja reconhecido o direito à indicação geográfica obtido no país de origem.

Mas então intervém o princípio da territorialidade. Cada país atribui os seus próprios direitos intelectuais, não tendo a

---

11 Cfr., sobre a multiplicidade de fontes aplicáveis ao direito industrial, Hubmann/Götting, 7.ª ed., C.H. Beck, 2002, § 7.
12 Ou outras pessoas que a estes são equiparadas.

legislação estrangeira eficácia por si. Mas isso não significa que o direito internacional privado seja de todo inoperante no domínio dos direitos intelectuais.

É uma problemática muito complexa, em que não podemos entrar. É seguro que a situação dos nacionais de cada país que reclamem proteção será tanto mais forte quando mais essa proteção corresponder à que lhe é concedida no país de origem. Nomeadamente, nos países onde a indicação geográfica é protegida por direito exclusivo, seria estranho que pudesse ser pedida essa proteção por nacionais de países onde tais indicações são apenas protegidas nos termos da concorrência desleal[13].

Mas se isto é já discutível em geral, muito mais o será no domínio da indicação geográfica. É que esta indicação está intrinsecamente ligada a um território. É pouco razoável sustentar que o direito a uma indicação geográfica possa ser originariamente atribuído por país estrangeiro, que não tem elementos nem título para apreciar as condições internas doutro país. Pode criar dificuldades a aplicação do direito internacional privado a estas situações, para fazer reconhecer a lei do país de origem, mas uma solução diversa acomoda-se mal à realidade.

11. Conclusão

A indicação geográfica não é uma panacéia. Tem dificuldades, como tudo na vida.

---

13 Recorde-se, num setor paralelo, a estranheza que provocou os realizadores ou diretores de filmes norte-americanos virem pedir a proteção de direitos morais na Europa, quando nos Estados Unidos não têm sequer a qualidade de autores ou co-autores dos filmes que realizam.

Mas traz a ilustração do que nos propusemos demonstrar. Os tipos de direitos industriais têm um interesse muito desigual para os países em desenvolvimento. Porém, se há tipos que são praticamente indiferentes para estes, há pelo contrário outros que lhes são benéficos.

As indicações geográficas, baseando-se no aproveitamento das qualidades dos produtos moldadas pelo meio natural, podem ser um poderoso elemento propulsor desses produtos, beneficiando os países onde se integram essas áreas naturais. E mais proximamente, as pessoas que exploram localmente a atividade em causa.

O Impacto da Nova Ordem Mundial no Desenvolvimento Econômico

O *Papel do Regime dos Direitos de Propriedade Intelectual*

Joseph Straus

A. Introdução

Aqueles que levaram décadas estudando o campo da proteção da propriedade intelectual não ficarão especialmente surpresos com a crítica ao regime internacional de proteção aos direitos de propriedade intelectual e do amplo conceito desses direitos, que vem se tornando cada vez mais veemente nos últimos tempos. Muito embora uma ruptura totalmente surpreendente em favor de padrões de proteção da propriedade intelectual mais elevados e internacionalmente vinculantes pudesse ser alcançada com a aceitação do Acordo sobre Aspectos de Direitos de Propriedade Intelectual Relacionados ao Comércio (TRIPs) de 1994, os resultados do TRIPs sempre estiveram no centro de uma crítica multifacetada, não apenas por parte dos países em desenvolvimento.[1] De fato, a crítica dos países em desenvolvimento logo encontraram apoio, em parte, de economistas e advogados de renome internacional. Não passou despercebido — mesmo pelos críticos — o fato de o TRIPs, juntamente com o Acordo de Tarifas Aduaneiras e Comércio (GATT, 1994), o Acordo sobre Medidas de Investimento Relacionadas ao Comércio (TRIMs), o Acordo Geral sobre Serviços (GATS) e todos os seus anexos, representar apenas um dos pilares de sustentação do sistema jurídico internacional da Organização Mundial do Comércio (OMC). O mesmo vale para o fato de os países em desenvolvimento só terem aceitado o TRIPs nesse contexto para garantir acesso aos mercados dos países industrializados, mas afirmou-se, em 90% de todas as patentes concedidas nos Estados industrializados, que as negociações do TRIPs são levadas a termo sem uma ampla análise de custo-benefício, por exemplo, dos aspectos sociais dos direitos de propriedade intelectual para os países menos desenvolvidos, e que o TRIPs foi aceito pelos países desenvolvidos e outros grandes importadores de conhecimento protegido apenas por motivos políticos e não econômicos. Alegou-se ainda que o TRIPs resultou de um *lobby* político forte e coordenado da indústria americana e européia e de um "unilateralismo agressivo" em favor dos

---

1 Um dos mais recentes e nítidos sinais da atitude crítica dos países em desenvolvimento é a recomendação "pelo estabelecimento de uma Agenda Desenvolvimental para a OMPI" (Documento OMPI WO/GA/31/11), apresentado pela Argentina e pelo Brasil em 26 de agosto de 2004 à Assembléia Geral da Organização Mundial da Propriedade Intelectual (OMPI), que será explorado mais detalhadamente adiante neste artigo.

Estados Unidos e da Comunidade Européia, e, por fim, que falta uma legitimidade necessária, visto que não se baseou no conceito de direitos humanos.² Até mesmo o Secretário-Geral das Nações Unidas, Kofi Annan, advertiu que o avanço do livre comércio e do sistema jurídico não podem ser tomados por certos. "Em vez disso, precisamos decidir sustentar o livre mercado global com valores genuinamente globais e protegê-lo com instituições efetivas. Devemos mostrar a mesma liderança firme na defesa dos direitos humanos, das normas trabalhistas e do meio ambiente que já mostramos na defesa da propriedade intelectual."³

---

2   A este respeito fazemos referência apenas a: Petersmann, *From Negative to Positive Integration in the WTO* ("Da integração negativa para a integração positiva na OMC"): *The TRIPs Agreements and the WTO Constitution, in Cottier and Mavroidis, Intellectual Property — Trade, Competition and Sustainable Development* ("Os Acordos do TRIPs e a Constituição da OMC, em Cottier e Mavroidis, Propriedade Intelectual — Comércio, Concorrência e Desenvolvimento Sustentável"), Ann Arbor 2003, p. 21 e seguintes, com mais referências. Escreve Petersmann: "A liberalização do comércio na OMC não deve basear-se em objetivos utilitaristas de 'maximização do bem-estar' mas também em conceitos de direitos humanos, tais como a liberdade individual [...], a não-discriminação [...], e o estado de Direito sujeito a revisão judicial por tribunais nacionais e adjudicação internacional [...]." E continua: "Chegou o momento de reconhecer que os direitos humanos conferem às regras da OMC legitimidade moral, constitucional e democrática que pode ser mais importante para a ratificação parlamentar de futuros Acordos da OMC do que as justificativas econômicas e utilitaristas tradicionais." (l.c., p. 44).

3   Annan, *Laying the Foundations of a Fair and Free World Trade System* ("Estabelecendo os Fundamentos de um Sistema Comercial Mundial Justo e Livre") em: *Sampson* (editora), *The Role of the World Trade Organization in Global Governance* ("O papel da Organização Mundial do Comércio na Governança Global"), Tóquio, Nova York, Paris 2001, p. 19 e seguintes. (27).

B. A nova onda de críticas ao TRIPs

Com toda certeza, a simples tentativa de se fazer aqui uma breve referência a todas as publicações recentes que trataram criticamente o conceito internacional dos direitos de propriedade intelectual resultaria em um trabalho bastante extenso. No entanto, se os artigos de Maskus e Reichman[4], Musungu e Dutfield[5], ou, por exemplo, os de *Boyle*[6] fossem escolhidos arbitrariamente como exemplos, ficaria claro que cada um deles, de certa maneira, questiona o atual sistema e reivindica uma moratória ao desenvolvimento internacional, ou para dar aos países em desenvolvimento a possibilidade de avaliar por completo o campo dos seus interesses e com base no recém-adquirido conhecimento de negociar sob nova forma[7], ou impedir uma eventual cessação das atividades da OMPI nas regras TRIPs-plus[8] ou, finalmente, conforme visto em Boyle[9],

---

4   *The Globalization of Private Knowledge Goods and the Privatization of Global Public Goods* ("A globalização e os bens de conhecimento privado e a privatização de bens públicos globais"), 7 *Journal of International Economic Law* 279 e seguintes (2004).
5   *Multilateral Agreements and a TRIPs-plus World: The World Intellectual Property Organization* (WIPO) ("Acordos multilaterais e um mundo TRIPs-plus: a Organização Mundial da Propriedade Intelectual (OMPI)", Genebra, 2004.
6   *A Manifest on WIPO and the Future of Intellectual Property* ("Um manifesto sobre a OMPI e o futuro da propriedade intelectual"), disponível no site http://www.law.duke.edu/journals/dltr/articles/2004dltr0009. html; *The Second Enclosure Movement and the Construction of the Public Domain* ("O movimento do anexo dois e a construção do domímio público"), 66 Law & Contemp. Probs. 33 e seguintes. (Inverno/Primavera de 2003).
7   Neste sentido, *Maskus* e *Reichman*, 7 *Journal of International Economic Law* 319 (2004).
8   *Musungu* e *Dutfield*, l.c., p. 24.
9   L.c.

colocar em questão todo o conceito do sistema. Aqui, como também se pode observar em Petersmann, os autores não acolhem as circunstâncias de fato existentes dos países em desenvolvimento e dos países industrializados antes do TRIPs[10], tampouco, o que é ainda mais surpreendente, baseiam suas deliberações teóricas em qualquer critério empírico que possam ter acumulado neste assunto desde a implantação do TRIPs. De fato, até o momento não houve uma tentativa sequer neste sentido. Mesmo no trabalho moderado da "Comissão Britânica de Direitos de Propriedade Intelectual" (CIPR)[11], com alusões expressas de que "os países em desenvolvimento aceitaram o TRIPs não pelo fato de, à época, a adoção da proteção da propriedade intelectual estar no topo de sua lista de prioridades, mas em parte porque imaginavam que o pacote geral oferecido, incluindo a redução do protecionismo comercial nos países desenvolvidos, seria benéfico"[12], houve queixas de que essas expectativas não haviam sido contempladas, mas sem apresentar dados empíricos. As estatísticas extraídas dos bancos de dados do Banco Mundial, que fazem referência ao suposto benefício de licenças de patente, e segundo as quais o balanço comercial ativo dos Estados Unidos passou de 14 bilhões de dólares para mais de 22 bilhões

---

10 Para mais exemplos, vide Straus, *Implications of the TRIPS Agreement in the Field of Patent Law* ("Implicações do Acordo TRIPs no Campo do Direito Patentário"), em: Beier e Schricker (editores), *From GATT to TRIPS — The Agreement on Trade Related Aspects of Intellectual Property Rights* ("Do GATT ao TRIPS — O Acordo sobre Aspectos Relativos ao Comércio dos Direitos de Propriedade Intelectual"), Weinheim 1996, pp. 160 e seguintes. (162 e seguintes, com mais referências).

11 *Integrating Intellectual Property Rights and Development Policy* ("Integrando Direitos de Propriedade Intelectual e Política de Desenvolvimento"), Londres 2002.

12 L.c., p. 8.

entre 1991 e 2001,[13] nada provam sobre os resultados macroeconômicos do Pacote de Negociações da OMC em países em desenvolvimento.

O comentário feito por Joseph Stiglitz, vencedor do Prêmio Nobel, que recentemente afirmou que a estrutura dos direitos de propriedade intelectual havia se tornado de tal modo extrema que chega a ser prejudicial à sociedade e especialmente aos países em desenvolvimento, aponta na mesma direção. É preciso estabelecer mecanismos institucionais "de modo que possamos olhar para trás e reconhecer a necessidade dos países em desenvolvimento, por exemplo, de ter alguma transferência de tecnologia."[14] Similar, mas ainda mais direta, é a "Declaração de Genebra sobre o Futuro da Organização Mundial da Propriedade Intelectual", de outubro de 2004 — assinada por Stiglitz, dentre outros —, que acusa a OMPI de haver "abraçado a cultura de criar e expandir privilégios monopolistas, não raro sem considerar as conseqüências". Deveria haver uma moratória sobre as negociações de novos tratados e a harmonização de regras, que fortalecem e aumentam ainda mais os monopólios e restringem o acesso ao conhecimento. A Declaração afirma que a OMPI por anos reagiu predominantemente "aos interesses mesquinhos de editoras, indústrias farmacêuticas, agricultores e outros interesses comerciais". Agora, deve tratar das necessidades fundamentais da proteção ao consumidor e dos direitos humanos:

---

13 L.c., p. 21. Quem mais perdeu neste sentido foi a Coréia, com 15 bilhões de dólares.

14 "É preciso desenvolver mecanismos institucionais de modo que possamos olhar para trás e reconhecer a necessidade dos países em desenvolvimento, por exemplo, de terem alguma transferência de tecnologia." (Vide a entrevista *How to fix the IP Imbalance* ("Como corrigir o desequilíbrio em PI") com Mamudi, *Managing Intellectual Property* ("Gerenciando a Propriedade Intelectual"), p. 28 e seguintes).

"Os interesses dos pobres, doentes, deficientes visuais e outros, há tanto negligenciados, devem ter prioridade."

A recomendação argentina e brasileira por uma "Agenda para o Desenvolvimento" para a OMPI[15] finalmente demanda, dentre outras coisas, que o papel da OMPI não se limite exclusivamente a promover a proteção da propriedade intelectual.[16] Os tratados nesta área devem necessária e expressamente considerar o interesse do consumidor e do público em geral. Seria relevante que as exceções e os limites do direito nacional dos Estados-membros continuassem protegidos.[17] Cabe atenção especial à idéia de estabelecer um regime internacional que daria aos países em desenvolvimento acesso aos resultados de pesquisas nos países industrializados financiadas com recursos públicos. Esse regime poderia ter a forma de um "Tratado de Acesso ao Conhecimento e à Tecnologia."[18] A recomendação propugna ainda que os acordos negociados atualmente na OMPI, tais como o Tratado Substantivo em Matéria de Patentes (SPLT),[19] devem incluir disposições sobre transferência de tecnologia, práticas inibidoras da concorrência e garantir a flexibilidade do interesse público, além de cláusulas específicas sobre os princípios e metas dos acordos tal como previstos nos artigos 7º e 8º do TRIPs, apenas com o esclarecimento simultâneo de que os acordos da OMPI "não tratam expressamente de 'questões relativas ao comércio'."[20] Em outras palavras, Argentina e Brasil não querem que os

---

15 Vide nota de rodapé 1, *supra*.
16 Documento OMPI WO/GA/31/11, III (p. 2).
17 L.c., IV (p. 3).
18 L.c., V (p. 3).
19 Vide o relatório de *Prinz zu Waldeck und Pyrmont*, Décima Sessão do Comitê Permanente sobre a Lei de Patentes da OMPI em Genebra, de 10 a 14 de maio de 2004, GRUR Int. 2004, 840 e seguintes.
20 L.c. Anexo nº 3.

acordos contenham referência aos aspectos comerciais da propriedade intelectual.

C. O que o novo regime jurídico da OMC conseguiu de fato?

As metas estabelecidas do sistema jurídico da OMC, nas quais os países em desenvolvimento aceitaram o TRIPs como um componente integrante, representa a liberalização do comércio internacional e a distribuição igualitária dos seus benefícios pelos países desenvolvidos e em desenvolvimento. Isto requer fundamentalmente que os mercados dos países desenvolvidos e em desenvolvimento estejam abertos igualmente um ao outro.[21] Muito embora cumpra observar que os Estados da OECD ainda estejam longe de cumprir as exigências da OMC em toda a sua plenitude, sobretudo no setor agrícola,[22] o saldo mais recente entre países em desenvolvimento e industrializados se mostra positivo sob todos os aspectos. As economias nacionais destes países estão crescendo mais rapi-

---

21 Cf. Panitchpakdi, *Balancing Competing Interests: The Future Role of the WTO* ("Equilibrando Interesses Opostos: o Futuro Papel da OMC"), em: Sampson (ed.), l.c. fn. 3, p. 29 e seguintes.

22 Vide, por exemplo, Steinberg e Josling, *Where the Peace Ends: The Vulnerability of EC and US Agricultural Subsidies to WTO Legal Challenge* ("Onde Termina a Paz: a Vulnerabilidade dos Subsídios Agrícolas da CE e dos EUA ao Desafio Jurídico da OMPI"), 6 *Journal of International Economic Law*, N° 2, p. 369 e seguintes (2003), e Straus, *Patentschutz durch TRIPs- Abkommen — Ausnahmeregelungen und — praktiken und ihre Bedeutung, insbesondere hinsichtlich pharmazeutischer Produkte, Bitburger Gespräche* ("Proteção Patentária pelo Acordo TRIPs — Regras e Práticas Exceptionais e o seu Significado, especialmente quanto a Produtos Farmacêuticos"), Bitburger Gespräche, Anuário de 2003, Munique 2003, p. 117 e seguintes; p. 124 e seguintes, com mais referências.

damente do que as dos industrializados. Suas taxas de crescimento são as mais altas dos últimos 30 anos e três quintos dos países que compõem o grupo possuem uma taxa média de crescimento no mínimo 6% maior do que a dos países industrializados. Isto se confirma especialmente para as quatro grandes economias do grupo: China, Índia, Brasil e Rússia. O Fundo Monetário Internacional prevê as maiores taxas de crescimento das últimas 3 décadas, mesmo para a África subsaariana, nos próximos anos,[23] ainda que as regiões tradicionalmente pobres da África e do Oriente Médio até o momento venham sendo consideradas perdedoras da globalização.[24]

---

23 Vide relatório *Grow Up — Developing Countries are growing at Their Fastest Pace for Decades* ("Cresça — Países em Desenvolvimento vêm crescendo em Ritmo Acelerado por Décadas") *The Economist*, 6 de outubro de 2004, p. 12.

24 Cf. De Jonquieres, *Dealing in Doha* ("Negociando em Doha"), *Financial Times*, 6 de novembro de 2001, p. 16. Alikhan e Mashelkar, *Intellectual Property and Competitive Strategies in the 21st Century* ("Propriedade Intelectual e Estratégias de Concorrência no Século XXI"), Haia/Londres/Nova York 2004, relatório a este respeito: "Os países em desenvolvimento tiveram em geral uma fatia cada vez maior das importações do mundo industrializado, que passaram de 15% em 1990 para quase 25% em 2000. Mais da metade das importações do Japão de produtos industrializados vem de países em desenvolvimento, ao passo que a fatia dos Estados Unidos foi de 45%. Somente no ano 2000, as exportações dos países em desenvolvimento cresceram 15% — três vezes o crescimento do seu PIB — o melhor índice de crescimento em cinco décadas. Do mesmo modo, as exportações dos 49 países menos desenvolvidos cresceu 28% no mesmo ano — perfazendo aproximadamente 34 bilhões de dólares. A fatia dos países em desenvolvimento no comércio mundial cresceu de um quinto nos anos 70 para um terço e, segundo as tendências atuais, deve chegar a metade do comércio mundial nos próximos 25 anos. Conseqüentemente, as exportações mundiais de produtos industrializados se expandiram em média 8% ao ano entre 1948 e 2000. Para o ano 2000, o valor das exportações mundiais de produtos industrializados provenientes desses países foi 50 vezes superior do que em 1948, e embora a taxa de exportação de bens e serviços para o PIB tenha

O desenvolvimento da Europa é particularmente decepcionante se fizermos uma comparação internacional, tendo perdido terreno não apenas para a Ásia, mas também para os Estados Unidos, em vez das metas elevadas da reunião de cúpula de Lisboa em março do ano 2000.[25]

Considerando que a Índia era um dos principais oponentes do TRIPs[26] e poderia decidir não aderir à Convenção de Paris[27] até 7 de dezembro de 1998 — apesar do seu ingresso na OMC e, portanto, no TRIPs em 1º de janeiro de 1995 —, e apesar de a China ser um dos países onde não havia razão para se proteger a propriedade intelectual[28] pela falta de qualquer concorrência efetiva no mercado doméstico até os anos

---

sido de 8% em 1948, passou para 29,5% no ano 2000 (tomadas a preços constantes de 1987)." (p. 34).

25 Podemos fazer referência aqui ao relatório do "Grupo de Alto Nível" liderado por Wim Kok, *Facing the Challenge — The Lisbon Strategy for Growth and Employment* ("Encarando o Desafio — A Estratégia de Lisboa para Crescimento e Emprego"), Luxemburgo, novembro de 2004, ex. p. 10.

26 Cf. Straus, l.c. fn. 10, p.168 e seguintes, para mais referências.

27 Cf. Conselho de Apelação Ampliado da EPA de 26 de abril de 2004, OJ EPO 2004, 483 (485/486) — Prioridades Indianas/ASTRAZENECA.

28 Cf. Fischer e von Zedtwitz, P&D chineses: *Naissance, Renaissance or Mirage?* ("Nascimento, Renascimento ou Miragem?"), R&D Management Nº 4, setembro de 2004, Edição especial sobre Gerenciamento de P&D na China, p. 349 e seguintes (p. 354 e seguintes.); vide também Gao e Tisdell, *China's reformed Science and Technology System: An Overview and Assessment* ("A Reforma do Sistema de Ciência e Tecnologia Chinês: Panorama e Avaliação"), 22 *Prometheus*, Nº 3, setembro de 2004, p. 311 e seguintes. (p. 321). Reconhecidamente a China começou os preparativos de um sistema de proteção à propriedade intelectual já no final dos anos 70, uma vez que se preparava para ingressar na Convenção de Paris. O avanço do desenvolvimento do sistema só ocorreu durante a preparação do TRIPs e sua adoção. (cf. Guo, *TRIPs and Intellectual Property Protection in the People's Republic of China* ("TRIPs e Proteção à Propriedade Intelectual na República Popular da China"), GRUR Int. 1996, p. 292 e seguintes.

80, seria necessário, não obstante as particularidades de ambos como nações em desenvolvimento ou países-limite, poder observar mais detidamente os motivos do seu desenvolvimento à luz do sistema jurídico da OMC.

Não apenas pelo fato de a China ser objeto de tanto interesse comum atual como uma potência econômica emergente, mas principalmente pela riqueza dos dados pertinentes sobre o seu desenvolvimento, nossa atenção agora se voltará para o desenvolvimento do "Império do Meio". O Escritório Chinês de Propriedade Intelectual (SIPO) conseguiu registrar 308.487 pedidos de patente na China em 2003 (este número cobre todos os três tipos de patentes: patentes de invenção, patentes de desenho industrial e patentes de modelos de utilidade).[29] Isto representa um aumento de 22,1%, em patentes de invenção mesmo de 31,3%, se compararmos com 2002.[30] Mesmo sem podermos examinar a origem desses pedidos neste artigo,[31] alguns dos números a seguir podem falar

---

29 Para informações detalhadas sobre o novo sistema chinês de direito patentário, vide Ganea, *Die Neuregelung des chinesischen Patentrechts*, GRUR Int. 2002, p. 686 e seguintes, e Ai, Li, Wu and Hu, Patentes, em: *China Intellectual Property Law Guide* ("Guia de Direito de Propriedade Intelectual Chinês"), Haia, 2005, em 15, 001 e seguintes.

30 Das estatísticas publicadas no Relatório sobre Proteção aos Direitos de Propriedade Intelectual na China em 2003, da SIPO, p. 24 f. Comparados com os dados de 1999, verifica-se um aumento de 100% (cf. Michael e Rivette, *Facing the China Challenge — Using and Intellectual Property Strategy to Capture Global Advantage* ("Enfrentando o Desafio da China — Usando a Propriedade Intelectual para Obter Vantagem Global"), *The Boston Consulting Group*, Boston, setembro de 2004, Anexo 1, p. 7).

31 O relatório da SIPO l.c., p. 25, pelo menos declara que depois de a China haver aderido ao Tratado de Cooperação em Patentes (PCT), primeiramente os pedidos estrangeiros de patentes de invenção ultrapassaram os pedidos domésticos, mas que, em 2003, a maré mudou novamente em favor dos pedidos domésticos (57 mil pedidos domésticos em comparação com 49 mil pedidos estrangeiros).

por si mesmos: O número de pessoas empregadas no campo de pesquisa e desenvolvimento (P&D) passou de 781.000, em 1986, para 1.035.000, em 2002. Neste sentido, a China ultrapassou a Rússia e o Japão e, em alguns aspectos, inclusive os Estados Unidos.[32] Com gastos de 60 bilhões de dólares em P&D, a China já era o terceiro do mundo em 2001, atrás apenas dos Estados Unidos (com 282 bilhões de dólares) e do Japão (com 104 bilhões de dólares), mas à frente da Alemanha (com 54 bilhões de dólares). Medidos pelo produto interno bruto (PIB), os gastos em P&D saltaram de 0,6%, em 1996, para 1,3%, em 2002, mais do que duplicando em apenas seis anos.[33] Isto também é demonstrado pela mudança dos empregados em P&D das instituições de pesquisas oficiais para a indústria, representada por um aumento de 154.000, em 1991, para 351.000, em 1999.[34] Em 2001, a indústria já cobria 60% de todos os gastos em P&D. Isto ajudou significativamente a capacidade da indústria de otimizar o uso de tecnologias importadas e firmar-se na concorrência internacio-

---

32 Para dados relativamente distintos, vide Gao e Tisdell, *22 Prometheus*, N° 3, setembro de 2004, 313; von Zedtwitz, *Managing Foreign R&D Laboratories in China* ("Gerenciando Laboratórios Estrangeiros de P&D na China"), *34 R&D Management*, N° 4, setembro de 2004 (l.c.), p. 439 e seguintes (439). Em 2002, o Investimento Estrangeiro Direto (FDI) chegou a 53 bilhões de dólares, com os quais a China passou os EUA (cf. Gassmann e Han, *Motivations and Barriers of Foreign R&D Activities in China* ("Motivações e Barreiras das Atividades de P&D Estrangeiro na China"), *34 R&D Management*, N° 4, setembro de 2004, l.c., p. 423 e seguintes. Conforme assinalam Gassmann e Han (l.c.), isto mostra claramente o apoio recebido pela China de investidores internacionais para ingressar na OMC em novembro de 2001.
33 Segundo as estatísticas da OECD, segundo *von Zedtwitz*, l.c. Em 2003, as despesas chegaram a 69 bilhões de dólares (cf. *Fischer* e *von Zedtwitz*, 34 R&D Management, N° 4, setembro de 2004 (l.c.), 358).
34 Vide Gao e Tisdell, *22 Prometheus*, N° 3, setembro de 2004, Tabela V na p. 318.

nal.³⁵ Desde o final dos anos 90, empresas européias e americanas como Siemens, Philips, Nokia, General Electric ou Motorola, além de japonesas, coreanas e taiwanesas, migraram suas fábricas para a China. Segundo alguns relatos, empresas estrangeiras abriram 60 mil fábricas na China entre os anos 2000 e 2003, fazendo com que as exportações daquele país passassem de 400 bilhões de dólares em 2003.³⁶ Mas as empresas não apenas mudam suas fábricas, mas também seus laboratórios de P&D para a China. Von Zedtwitz identificou cerca de 200 laboratórios de P&D criados ou em processo de estabelecimento na China no início de 2004, o que corresponde a aproximadamente um quarto dos investimentos estrangeiros nos Estados Unidos (1998). O que mais impressionou Von Zedtwitz foi o fato de esses investimentos terem sido negociados durante um período de instabilidade econômica global.³⁷ A sua investigação mostra também que as empresas estrangeiras não apenas mudam suas instalações de P&D para a China, de modo a pesquisar segundo as necessidades locais,

---

35 Vide também Gao e Tisdell, l.c., p. 318. Sobre as habilidades das empresas chinesas em inovação tecnológica, vide o levantamento empírico feito por Yam, Guan, Pun e Tang, *An Audit of Technological Innovation Capabilities in Chinese Firms: Some Empirical Findings in Beijing* ("Uma Auditoria de Habilidades de Inovação Tecnológica nas Empresas Chinesas: Alguns Resultados Empíricos em Beijing"), China, 33 *Research Policy*, p. 1123 e seguintes (2004).

36 Este número foi de aproximadamente 50 bilhões em 1990 (para mais detalhes, vide o relatório *Men and Machines — Technology and Economics Have Already Revolutionized Manufacturing. White-Collar Work Will be Next* ("Homens e Máquinas — Tecnologia e Economina já revolucionaram a Industrialização. O Trabalho Burocrático será o Próximo"), *The Economist*, 13 de janeiro de 2004, p. 5 e seguintes (6)).

37 Von Zedtwitz, 35 R&D Management, N° 4, setembro de 2004, p. 440. De acordo com os dados coletados por von Zedtwitz, as empresas estrangeiras devem ter fundado cerca de 400 Centros de P&D na China em 2002 (l.c.).

mas freqüentemente com a tarefa expressa de desenvolver produtos e tecnologia para o mercado global. A Nokia, por exemplo, transferiu setores fundamentais para o desenvolvimento de seu software de terceira geração da Finlândia para Hangzhou. Um motivo para a mudança é provavelmente a economia — engenheiros chineses custam cerca de um quarto dos seus correlativos americanos ou europeus; e o seu alto nível de competência técnica também influiu na tomada de decisão.[38]

O desenvolvimento surpreendente, complexo e quase assustador depende, sem dúvida, de uma série de fatores que não podem ser explorados em profundidade neste artigo. Certamente pode-se dizer que as empresas estrangeiras não teriam se envolvido na China, pelo menos não a esse ponto, se os produtos fabricados na China não tivessem livre acesso aos mercados globais, o que ocorreu graças ao novo sistema jurídico da OMC. Similarmente, não há dúvidas de que a entrada na OMC e o posterior desenvolvimento da proteção dos direitos de propriedade intelectual foram decisivos, apesar de todas as suas deficiências ainda correntes[39] em relação às regras

---

38 *34 R&D Management*, N° 4, setembro de 2004, p. 442 e seguintes. Von Zedtwitz pesquisou 15 empresas européias, 17 americanas e 12 japonesas, bem como 5 de outros países, incluindo Nokia, Ericsson, Hoffmann-La Roche, Tetrapak, Volkswagen, Bayer e Siemens. Gassmann e Han, *34 R&D Management*, N° 4, setembro de 2004, p. 427 e seguintes, fornecem uma análise detalhada e exaustiva das razões que levaram empresas transnacionais a estabelecerem atividades de P&D na China.

39 Vide apenas Huang, Amorim, Spinoglio, Gouveia e Medina, *Organisation, Program and Structure: An Analysis of the Chinese Innovation Policy Framework* ("Organização, Programa e Estrutura: Uma Análise da Estrutura da Política Chinesa de Inovação"), *34 R&D Management*, N° 4, setembro de 2004, p. 367 e seguintes (382). Vide também Mertha, *The Politics of Piracy — Intellectual Property in Contemporary China* ("A Política da Pirataria — Propriedade Intelectual na China Contemporânea"), Ithaca e Londres, 2005.

do TRIPs. Neste sentido observam Gao e Tisdell: "Em seguida a reformas de mercado e comercialização, o governo chinês passou a estabelecer um sistema de patentes. Tal medida se tornou a pedra angular do desenvolvimento da ciência e tecnologia na China, permitindo que o país participasse do mercado mundial de propriedade intelectual. Em 1983, a China aprovou a sua lei de patentes, dando, assim, o primeiro passo em direção ao estabelecimento de uma base jurídica para o domínio de propriedade intelectual."[40]

Apesar das muitas diferenças que há entre China e Índia e que não poderiam ser maiores ou mais fundamentais, as duas grandes economias de fato mostram diversos pontos em comum no contexto em questão. Embora seja um fato menos conhecido, foi somente a partir do início dos anos 90 que a Índia liberalizou sua economia[41], deu início a um processo de privatização[42] e adaptou gradualmente a sua legislação patentária a uma ampla escala de normas TRIPs.[43] Atualmente, o país conta com uma base científica, tecnológica e industrial

---

40 Gao e Tisdell, *22 Prometheus*, N° 3, setembro de 2004, 324.
41 Vide Gupta, Bhojwani, R. Koshal e M. Koshal, *Managing the Process of Market Orientation by Publically funded Laboratories: The Case of CSIR* ("Gerenciando o Processo de Orientação de Mercado por Laboratórios financiados pelo governo: O Caso do CSIR — Conselho de Pesquisa Científica e Industrial"), Índia, *30 R&D Management*, N° 4, 2000, p. 289 e seguintes.
42 Vide a brochura *Indien 2003-2004 — Verlässicher Wirtschaftspartner — Attraktives FDI Gebiet*, p. 11 e seguintes, publicada pelo Ministério das Relações Exteriores da Índia.
43 Vide, por exemplo, Ganguli, *Intellectual Property Rights in Transition*, 20 World Patent Information p. 171 e seguintes (p. 175 e seguintes) (1998); Rajeshwari e Gabriel, *An Indian Summer — Contract Research Heats Up*, *Patent World*, outubro de 2004, p. 19 e seguintes. (19). As últimas emendas à Lei de Patentes Indiana foram aprovadas pelo Parlamento em 22 de março de 2005.

ampla e bem estruturada.[44] Os custos de produção na Índia também são bastante baixos.[45] Os números dos investimentos estrangeiros diretos na Índia não se comparam exatamente com os da China, mas no biênio 2001-2002 eles chegaram a 3,91 bilhões de dólares, indicando um aumento de 65% em relação ao ano anterior e colocando a Índia em sétimo lugar em investimentos estrangeiros diretos em todo o mundo.[46] O valor das exportações de tecidos e vestuário chegou a 11 bilhões de dólares em 2003, devendo chegar a 50 bilhões em 2010, de acordo com os prognósticos do governo indiano.[47] Esses fatores, unidos à qualificação especialmente alta dos cientistas e engenheiros indianos no campo da informática[48], atraíram empresas americanas como a Texas Instruments e a Motorola a Bangalore já no início dos anos 80. No entanto, uma relocação significativa de empresas americanas e européias em quantidades antes inimagináveis ocorreu primeiro no final da década de 90, isto é, já sob a égide do regime da OMC, à medida que a Hewlett-Packard, American Express, Citybank, General Electric e outras empresas entravam na

---

44 Vide Ganguli, *20 World Patent Information 177* (1998).
45 Eles são cerca de 25% menos do que a China, embora a produtividade de um trabalhador na Índia seja cerca de 50% menor do que a de um trabalhador na China (vide *India's Investment Climate Shows Big Improvement, Financial Times*, 24 de janeiro de 2004, p. 5).
46 Vide *Indien 2003-2004*, l.c., Fn. 42, p. 5/6.
47 Vide *Indien 2003-2004*, l.c., Fn. 42, p. 97.
48 Todos os anos, cerca de 300 mil engenheiros da computação se formam nas universidades indianas, dos quais aproximadamente 30 mil a 40 mil são extremamente qualificados e em demanda espacial de empresas estrangeiras, como a IBM e a Accenture (vide relatório *The Place to be — In the Global Market for White- Collar Work, India Rules Supreme. But Others are Lining Up, The Economist*, 11 de novembro de 2004, p. 8 e seguintes. (10)).

Índia. A indústria indiana de informática chegou a um movimento de vendas de aproximadamente 16 bilhões de dólares em 2003, três quartos dos quais resultantes de exportações. Espera-se que as vendas anuais alcancem cerca de 50 bilhões de dólares em 2008. O volume das vendas verificados pela empresa Infosys, uma das maiores contratantes de serviços de tecnologia, aumentou oito vezes em cinco anos, passando a marca do bilhão de dólares no exercício fiscal de 2003. A Infosys preenche 4 mil vagas em seu curso de treinamento anual[49]. A chamada Outsourcing de Processos Comerciais Indiano (BPO) faz os trabalhadores dos países industrializados tremerem de medo de perder seus empregos. O crescimento da produtividade na indústria de informática indiana é o maior em todo o mundo. Quase tudo pode ser mais rápido, mais barato e melhor na Índia, afirma Nandan Nilekani, diretor executivo da Infosys. A sua empresa conseguiu criar quase 5 mil novos postos no ano de 2004.[50] No entanto, a indústria de informática do país não é de modo algum a única a atrair capital estrangeiro e justificar a criação de centros de P&D. Ao atingir os níveis de proteção do TRIPs também no campo da proteção de patentes farmacêuticas[51], a onda de "terceiri-

---

49 Vide o relatório *The Place to be*, *The Economist*, 11 de novembro de 2004, p. 8.
50 Vide o relatório *Faster, Cheaper, Better — India's Emerging IT Firms are Trying to Beat Their Western Rivals on Their Home Turf*, *The Economist*, 13 de novembro de 2004, p. 10 e seguintes. Em 2008 espera-se que a indústria de informática da Índia crie 2,5 milhões de postos de trabalho. A IBM, Microsoft, Metamove, Oracle e Sathyam Computers construíram escolas empresariais para treinamento na Índia (vide Imam, *How Does Patent Protection Help Developing Countries?*, 37 IIC 245 e seguintes, na p. 256 (2006)).
51 Sobre o correspondente desenvolvimento da indústria farmacêutica indiana, vide Vepachedu e Rumore, *Patent Protection and the Pharmaceutical*

zação" deve também incluir P&D farmacêutico, especialmente quando envolver testes clínicos. Isto deve levar a uma queda de 200 a 300 milhões de dólares nos custos de desenvolvimento por droga. Também empresas alemãs como a Mucos Pharma ou a Schering AG se tornaram ativas neste campo. O Instituto Central de Pesquisa Farmacêutica (CDRI), uma organização oficial, está ativamente envolvido em negociações e elaboração de contratos para projetos de pesquisa de empresas estrangeiras. A indústria farmacêutica da Índia, já bastante desenvolvida, com empresas do porte da Dr. Reddy's, Ranbaxy, Orchid e Cipla, vem aumentando o investimento em seu próprio P&D.[52] Outras buscam diferentes métodos de colaboração, como *joint venture*, distribuição combinada e, mais recentemente, contratos de pesquisa.[53] No que diz respeito à Índia, não devem restar dúvidas de que esse desenvolvimento[54] sequer poderia ter ocorrido sem o regime da OMC.

Industry in the Indian Union, *Intellectual Property Today*, outubro de 2004, p. 44 e seguintes; e especialmente Chandran, Roy e Jain, *Implications of New Patent Regime on Indian Pharmaceutical Industry: Challenges and Opportunities*, 10 Journal of Intellectual Property Rights p. 269 e seguintes (julho de 2005).

52 Os cientistas indianos desenvolveram recentemente o primeiro medicamento novo para o tratamento da tuberculose e apresentaram pedidos de patente para o mesmo não apenas na Índia, mas também nos EUA (vide Merchant, *Scientists in India Develop New Cure for TAMBÉM, Financial Times*, 7 de setembro de 2004, p. 7). Vide detalhes em Chandran, Roy e Jain, 10 Journal of Intellectual Property Rights 278 (julho de 2005).

53 Mais informações podem ser obtidas em Rajeshwari e Gabriel, Patent World, outubro de 2004, p. 19 e seguintes; também *Indien 2003-2004*, l.c., fn. 42, p. 83.

54 Para a atual situação da fabricação indiana baseada em serviços, vide Marsh, "A New Manufacturing Mantra", *Financial Times*, 16 de maio de 2006, p. 8.

D. O que responde pelo TRIPs-plus e pelo TRIPs-minus?

Quando surge a questão do TRIPs-plus, existem diversas percepções diferentes ocultas no termo que só podem ser discutidas brevemente neste artigo, e ainda assim apenas no contexto da proteção patentária. Como já se aludiu, os esforços no sentido de estimular uma harmonização maior dos direitos de patente importantes na forma do SPLT empreendidos no contexto da OMPI foram avaliados por críticos como uma tentativa de introduzir as regras TRIPs-plus, privando assim os países em desenvolvimento do raio de ação que o TRIPs lhes havia conferido. Em especial, contestou-se que após a primeira fase da harmonização das regras da técnica anterior, da novidade, utilidade, atividade inventiva, divulgação autorizada, bem como a elaboração de reivindicações de patentes, que deveriam facilitar o reconhecimento mútuo dos resultados de busca e exames, deveria haver uma segunda fase que objetivasse estabelecer a regra internacional para determinar o alcance da proteção, que cobriria também os equivalentes.[55] Dutfield chama este processo de "imoral e 'o último insulto aos países em desenvolvimento'"[56], e Reichman pediu moratória ao processo.[57] Se essas tentativas de harmonização na estrutura da OMPI, cujos resultados esperados poderiam ser incluídos no termo TRIPS-plus (mas que necessariamente não precisa ocorrer dessa forma, visto que as definições das exigências específicas de patenteabilidade no SPLT referem-

---

55 Vide Musungu e Dutfield, l.c., p. 12. Para detalhes da consulta sobre um avanço gradual, vide *Prinz zu Waldeck und Pyrmont*, GRUR Int. 2004, p. 840 e seguintes.
56 Vide relatório *WIPO Has Failed in Its Development Mission*, TWN Third World Network, disponível no site http://www.twnside.org.sg/title2/twrl71h.htm.
57 *Ibid.*

se amplamente a aspectos puramente jurídicos/técnicos disputados originalmente entre os Estados Unidos e o resto do mundo, e cuja solução não seria de todo desvantajosa aos países em desenvolvimento[58]) fracassarem,[59] o prejuízo para as partes envolvidas seria mais significativo do que os benefícios, sobretudo no caso dos países em desenvolvimento. Um fracasso daria aos Estados Unidos, que já participam das negociações com um entusiasmo relativamente discreto[60], ainda mais motivos para buscarem bilateralmente os seus objetivos — aos quais de fato se podem designar de TRIPs-plus — e que até o momento têm levado a uma exportação de certa forma unilateral das regras de proteção norte-americanas para os países parceiros.

Tal como já fizeram antes da adoção do TRIPs, os Estados Unidos voltaram a seguir, desde o ano de 1997, a estratégia de impor altos padrões para a proteção da propriedade intelectual nos acordos bilaterais de livre comércio (FTAs), os quais ultrapassam até mesmo os padrões do TRIPs. Esta política afeta acordos com parceiros muito distintos como Austrália,[61] Bahrein,[62] Chile, Jordânia, Marrocos e alguns países da Amé-

---

58 Para detalhes, vide *Prinz zu Waldeck und Pyrmont*, GRUR Int. 2004, p. 840 e seguintes.

59 Atualmente, as negociações estão totalmente paralisadas em um beco sem saída (cf. Klunker, p. Sessões Informais do Comitê Permanente sobre Lei de Patentes da WIPO em Genebra, de 10 a 12 de abril de 2006, GRUR Int. 2006).

60 Vide *Prinz zu Waldeck und Pyrmont*, GRUR Int. 2004, 843.

61 Vide Drahos, Lokuge, Faunce Goddard e Henry, *Pharmaceuticals, Intellectual Property and Free Trade: The Case of the US-Australia Free Trade Agreement*, 22 Prometheus, N° 3, setembro de 2004, p. 243 e seguintes; Lawson e Pickering, *'TRIPs-plus' Patent Privileges — An Intellectual Property 'Cargo Cult' in Australia*, 22 Prometheus, N° 4, dezembro de 2004, p. 355 e seguintes.

62 Para detalhes, vide Price, *The U.S. Bahrain Free Trade Agreement and*

rica Central.[63] O cerne do "plus" reside basicamente na proteção das invenções farmacêuticas. A título de exemplo, a possibilidade de concessão de licenças compulsórias, no caso de uso público e não-comercial, é reduzida a alguns casos de emergência nacional e à hipótese de um comportamento restritivo da concorrência, o que constitui um desvio das regras do artigo 31 do TRIPs.[64] Outrossim, os FTAs contêm cláusulas sobre a exclusividade de dados que as empresas farmacêuticas enviam às autoridades competentes para fins de aprovação de comercialização de novas drogas.[65] Essa proteção claramente extrapola a do artigo 39, parágrafo 2º, do TRIPs contra o uso indevido de dados por terceiros.[66] Particularmente ampla parece ser a obrigação de não se conceder aprovação de comercialização para drogas cobertas por reivindicações patentárias durante a vigência da patente, bem como durante a sua prorrogação, se houver.[67] Acredita-se que isto venha a atrasar o máximo possível o acesso do mercado aos medicamentos genéricos. Outras obrigações relativas à propriedade intelectual dizem respeito, por exemplo, ao compromisso geral de contratar parceiros para reduzir as diferenças nas respectivas leis nacionais. Por exemplo, o FTA com a Austrália

---

Intellectual Property Protection, 7 *The Journal of World Intellectual Property*, p. 829 e seguintes (2004).

63 Vide sinopses de Drahos, Lokuge, Faunce Goddard e Henry, *Prometheus*, Nº 3, setembro de 2004, 254. Vide também *El-Said*, *The Road from TRIPS-Minus to TRIPS, to TRIPS-Plus*, 8 *The Journal of World Intellectual Property*, p. 51 e seguintes, p. 57 e seguintes (2005).

64 Vide, por exemplo, Cláusula 17.9.7 do FTA com a Austrália.

65 Para este problema, vide, por exemplo, no direito europeu, Gassner, *Unterlagenschutz im Europäischen Arzneimittelrecht*, GRUR Int. 2004, p. 983 e seguintes.

66 Vide Gervais, *The TRIPs Agreement — Drafting History and Analysis*, 2ª ed. Londres, 2003, p. 274 e seguintes.

67 Vide, por exemplo, Cláusula 17.10 do FTA com a Austrália.

obriga o país a somente aceitar a exigência de patenteabilidade de modelos de utilidade como satisfeita se a mesma for "específica, substancial e verossímil."[68] Destarte, a Austrália praticamente adotou as regras das Diretrizes de Exame de Modelos de Utilidade do Escritório de Marcas e Patentes dos Estados Unidos (USPTO). Os críticos dos FTAs, como Drahos[69], consideram esta uma estratégia dos Estados Unidos, que querem impor suas próprias regras de proteção, que as partes contratantes se vêem obrigadas a aplicar a todos os membros da OMC através da cláusula do país mais favorecido do artigo 4º do TRIPs.

Não há aqui espaço para dissecarmos a crítica da estratégia de TRIPs-plus dos Estados Unidos. No entanto, podemos admitir basicamente que as partes contratantes aplicam sua própria análise de custo-benefício antes de assinar acordos dessa natureza. A análise será, sem sombra de dúvida, baseada no comércio bilateral real e previsto com e sem o FTA. Nesse contexto, o governo australiano calculou que o FTA aumentará a economia do país em seis bilhões de dólares em benefícios ao ano. Contudo, outras instituições australianas estimam que o total de custos seja de 50 bilhões de dólares australianos, com uma perda de até 200 mil empregos.[70] Seja como for, ao tentar decidir sobre um rumo de ação, a escolha foi clara para

---

68 Vide Cláusula 17.9.13. O FTY com o Bahrein parece conter — em vista às regras de proteção relativamente fracas até o momento em Bahrein — uma obrigação de garantir proteção por patente para patentes de plantas e associar-se à União Internacional para a Proteção de Novas Variedades de Plantas (UPOV), e obter proteção patentária para novos usos de produtos conhecidos, incluindo usos para mais indicações médicas.
69 Vide Drahos, Lokuge, Faunce Goddard e Henry, *Prometheus*, Nº 3, setembro de 2004, p. 252 e seguintes.
70 Todos os dados de Drahos, Lokuge, Faunce Goddard e Henry, *Prometheus*, Nº 3, setembro de 2004, p. 244, com mais referências.

o governo australiano, pois sem um FTA o país teria de temer ou talvez ter de sofrer desvantagens econômicas. Drahos e seus colaboradores culpam o seu governo pelo fato de o FTA desrespeitar a soberania australiana na determinação independente dos preços de produtos farmacêuticos através do Programa de Benefícios Farmacêuticos (PBS), da Lei Nacional de Saúde e da Autoridade de Determinação de Preços de Benefícios para Produtos Farmacêuticos (PBPA), uma vez que futuras decisões da PBPA estarão abertas a revisão por um órgão independente e pelo fato de que os genéricos somente estarão disponíveis no mercado posteriormente, o que se somaria ao crescente custo do sistema de saúde.[71] Em seus ataques incisivos, especialmente contra a indústria farmacêutica norte-americana,[72] Drahos e outros julgam mal um fator de fundamental importância: Seguramente, a filosofia da PBS australiana é "guiada pelo princípio da igualdade de acesso" e toma por base a consideração de que

> "todos os australianos têm direito de acesso aos medicamentos necessários. A necessidade, contudo, possui uma dimensão utilitária. O PBS não é destinado a fornecer medicamentos para pessoas específicas com necessidades específicas. Sua finalidade é ampliar o acesso da comunidade de pessoas com recursos limitados a medicamentos essenciais. Parafraseando Jeremy Bentham, o PBS é a maior saúde do maior número."[73]

---

71 Drahos, Lokuge, Faunce Goddard e Henry, *Prometheus*, N° 3, setembro de 2004, p. 244 e seguintes.
72 Vide, por exemplo, Drahos e Braithwaite, *Information Feudalism — Who Owns the Knowledge Economy?*, Londres, 2002.
73 Drahos, Lokuge, Faunce Goddard e Henry, *Prometheus*, N° 3, setembro de 2004, p. 244.

No entanto, a idéia de que isto deva ser parte da responsabilidade e das expensas das empresas que efetuam os enormes investimentos no desenvolvimento de novas drogas e, além disso, das economias cujos sistemas de saúde forneceram os preços de medicamentos mais altos, mais concretamente os Estados Unidos, o Japão e um grande número de países europeus[74], é de fato muito atraente e poderia ser realizada se a globalização não houvesse alcançado o nível de hoje. Contudo, esta idéia poderia agora, de uma vez por todas, fazer parte do passado, especialmente quando parece apropriado no contexto das considerações macroeconômicas do país em questão. Certamente o governo australiano enxergou o fato de maneira semelhante. Não se pode exigir, por exemplo, acesso ao mercado dos Estados Unidos para produtos agrícolas, além de se buscarem reduções nos subsídios agrícolas norte-americanos, etc., e ao mesmo tempo querer buscar acesso aos medicamentos desenvolvidos nos Estados Unidos a alto custo para o próprio povo, a um preço mais baixo do que para a própria população do país. Não é preciso dizer que a idéia do "princípio da igualdade de acesso" é fundamentalmente correta, porém a Austrália, na qualidade de 15ª economia mundial, deve garantir acesso à sua população com seus próprios recursos financeiros, e não a expensas do sistema de saúde dos Estados Unidos! Para os países onde os próprios recursos nacionais são insuficientes, a comunidade internacional de Estados deve vir em seu auxílio.[75] Neste ponto, deve-se esclarecer que isto não deve ser tomado como um comentário sobre a conveniência dos preços dos medicamentos. No entanto, não se devem perder de vista ou, no mínimo, compro-

---

74 Vide Straus, Bitbürger Gespräche, *Anuário de 2003*, p. 129 e seguintes.
75 Para mais informações sobre este tópico, vide Straus, Bitburger Gespräche, *Anuário de 2003*, p. 132 e seguintes.

meter os altos investimentos reconhecidamente contaminados por altos riscos e dos quais depende o fluxo contínuo de novos medicamentos, e que efetivamente garante acesso ao que desejamos e de que basicamente todos dependemos.

Em suma, pode-se observar que os FTAs com regras TRIPs-plus só devem ser aceitos se justificados em um contexto macroeconômico com base em provisões específicas dos acordos pertinentes, não apenas em esperanças vagas. O termo "macroeconômico" pode, logicamente, nunca ser reduzido a um exame isolado dos efeitos reais, por exemplo, da proteção patentária, mas aplica-se às circunstâncias exatas das economias afetadas, com e sem o FTA. No atual nível de desenvolvimento da globalização, toda tentativa de desconectar as questões de proteção de propriedade intelectual das questões de comércio internacional deve inevitavelmente fracassar. Caso venha a ser aprovada, surtiria efeitos negativos e duradouros sobre o comércio internacional.

Quanto à idéia do TRIPs-minus, é preciso observar, antes de tudo, que o desenvolvimento desde a Conferência Ministerial da OMC em Doha em novembro de 2001 foi realizado um TRIPs-minus para os países menos desenvolvidos, relativo ao fato de serem eles obrigados a conceder proteção patentária para produtos farmacêuticos a começar a partir de 1º de janeiro de 2016.[76] Desde a decisão do Conselho Geral da OMC de 30 de agosto de 2003, ficou esclarecido que, sob condições específicas divergentes do artigo 31(f) do TRIPs, é possível emitir licenças compulsórias para a produção de fármacos para satisfazer a demanda de terceiros países.[77] Além

---

76 Vide Straus, Bitbürger Gespräche, *Anuário de 2003*, p. 126 e seguintes.
77 Documento OMT WI/L/540 em 1º de setembro de 2003. Além disso, vide declaração do presidente, Embaixador Carlos Pérez del Castillo, em 30 de agosto de 2003 (Notícias OMT: 2003 Novos Itens).

disto, os países em desenvolvimento foram aconselhados a excluir completamente da patenteabilidade: métodos diagnósticos, terapêuticos e cirúrgicos para o tratamento de seres humanos e animais; plantas e animais, em uma interpretação mais restritiva do termo microorganismo; programas de computador e métodos comerciais. Esses países devem evitar patentear novos usos de produtos conhecidos, o uso do sistema de patentes para proteger espécies vegetais e, quando possível, material genético.[78] Os países da Comunidade Andina, e com eles Argentina e Brasil, vetaram especificamente o material biológico da proteção via patente, mesmo se isolado do seu ambiente natural e aplicável comercialmente, tendo assim adotado regras que podem ser consideradas normas TRIPs-minus.[79] Além do fato de que algumas dessas medidas, em parte recomendadas e em parte já introduzidas no direito positivo, poderiam fornecer subsídios para uma ação de resolução de disputas no âmbito da OMC, elas também não se encontram no interesse bem compreendido dos países em desenvolvimento, ficando, por conseguinte, em nítida contradição com o seu próprio argumento. Para ilustrar, países em desenvolvimento como Brasil e Índia alegam — e estão por todos os meios escusados em agir dessa maneira — que devem ser capazes de participar de maneira adequada nos lucros comerciais auferidos pelo uso de seus recursos genéticos — denominados "repartição de benefícios". Muito embora devido à capacidade do material biológico de se auto-reproduzir ou ser reproduzido em um sistema biológico, não se pode questionar que esse material possa ser protegido efetivamente

---

78 Da recomendação CIPR, l.c., fn. 11, Caixa 6.1 na p. 122.

79 Para mais detalhes sobre este ponto, vide Straus, *Patents on biomaterial — A New Colonialism or a Means for Technology Transfer and Benefit-Sharing?*, em: Thiele e Ashcroft (eds.), *Bioethics in a Small World*, Berlim e Heidelberg, 2005, p. 45 e seguintes (p. 59 e seguintes) para mais referências, também para normas duvidosas de alguns Estados-membros da OMT.

como genótipos, ou seja, por gerações e também fora do território de origem e, portanto, ser comercializado proveitosamente pelo país de origem apenas sob a forma de patentes ou outros direitos de propriedade intelectual,[80] esses países excluem o material em questão da proteção patentária e interpõem objeções à sua proteção por patentes nos países industrializados. Como afirmam Boyd, Kerr e Perdikis[81], os países em desenvolvimento em questão concentram-se exclusivamente nos custos alegados dos respectivos direitos de exclusividade e, dessa forma, ignoram os benefícios da inovação, que os especialistas nacionais e empresas e institutos de pesquisa estrangeiros poderiam conceder a um país. Boyd, Kerr e Perdikis observam precisamente:

> "Portanto, a questão real não é como impedir as multinacionais de biotecnologia de explorar os países em desenvolvimento, mas como induzi-las a querer explorá-los. As multinacionais se unindo para extrair lucros monopolistas dos países em desenvolvimento devem ser o sinal mais seguro de que os investimentos nas inovações desejadas estão ocorrendo. A menos que os países em desenvolvimento ou prestadores de ajuda estejam dispostos a subsidiar biotecnologia sob medida para esses países — e não há provas para sugerirmos que o farão —, o investimento simplesmente não vai ocorrer. A chave está na disposição dos países em desenvolvimento de ampliar e fazer valer a biotecnologia dos DPI."[82]

---

80 Sobre a dupla natureza dos recursos genéticos, vide Straus em Thiele e Ashcroft, l.c., fn. 77, p. 64 e seguintes, para mais referências.
81 *Agricultural Biotechnology Innovations versus Intellectual Property Rights — Are Developing Countries at the Mercy of Multinationals?*, 6 *The Journal of World Intellectual Property*, p. 211 e seguintes (230) (2003).
82 *Ibid.*

Está fora de questão o fato de a China agir segundo essa recomendação e, portanto, ser capaz de alcançar um sucesso convincente e invejável.[83]

E. Observações Finais e Outros Prospectos

Onze anos depois de estabelecida a Ordem Econômica Global da OMC tendo o GATT 1994 e o TRIPs como seus principais pilares, todos deveriam concluir que o comércio internacional com mercados abertos e em abertura está intimamente ligado ao sistema internacional de proteção à propriedade intelectual. Devido ao nível de globalização já alcançado, o GATT 1994 e o TRIPs tornaram-se praticamente indissociáveis. Se o *status* alcançado — que, como mostram dados empíricos, trouxe mais vantagens para os países em desenvolvimento — e o seu ulterior desenvolvimento não estão em risco, deve-se renunciar a cada tentativa de desvincular a proteção à propriedade intelectual do desenvolvimento do comércio internacional. Em vista dos efeitos da globalização nos mercados de trabalho, especialmente sentida nos países industrializados por conta da perda de postos de trabalho em virtude do deslocamento da produção e de P&D para países-limite e em desenvolvimento, os benefícios da globalização para as economias nacionais dos países industrializados não se comunicam facilmente[84], sobretudo na medida em que seus

---

83 Vide McGregor, *China's success inspires envy and awe*, Financial Times, 28 de maio de 2004, p. 8.
84 Para mais informações sobre este complexo problema, vide Streeck, *Globalisierung: Mythos und Wirklichkeit*, na Max-Planck-Gesellschaft (ed.), *Anuário de 2004*, Munique 2004, p. 25 e seguintes, dentre outros

interesses nem sempre são congruentes com os negócios internacionalmente ativos. Tentativas de subverter o equilíbrio alcançado a duras penas, que certamente beneficia os países em desenvolvimento, poderiam gerar um "efeito bumerangue" em favor daqueles em países industrializados que já pretendem se voltar para o protecionismo e o isolacionismo — não importa o quão distantes estejam de um ponto de vista objetivo.[85] É fácil pressentir o que isto significaria para países como Bangladesh, Camboja, Macau ou Paquistão, onde de 60% a 80% das exportações se devem à indústria têxtil e de vestuário e já se vêem expostos à competição acirrada por parte de China e Índia em virtude da abolição das regras sobre cotas em 31 de dezembro de 2004.[86]

Os críticos do TRIPs não estão dispostos ou não conseguem aceitar tudo isto. Visto que poucas de suas considerações refletem o estado real das economias em desenvolvimen-

---

pontos aí encontrados: *Anders als im Mythosder Globalisierung unterstellt, kann dabei von einem Bedeutungsverlust staatlicher Politik keine Rede sein. Sektorale Spezialisierung erfordert im Gegenteil eine integrierte, auf den Ausbau vorhandener komparativer Vorteile hin maßgeschneiderte national Wirtschafts-, Struktur-, Sozial- und Bildungspolitik. Sie verlangt ferner angepasst institutionelle Regelwerke, etwa für den Arbeitsmarkt, die eine optimale Nutzung der nationalen Ressourcen zugunsten der jeweiligen Kernsektoren ermöglichen* (p. 31). Vide também as análises *Into the Unknown — Where Will the Jobs of the Future Come From?* The Economist, 13 de novembro de 2004, p. 12 e seguintes, e *Sink or Swim — Sourcing from low-cost countries works only in open and flexible markets. Europe's are neither*, The Economist, 13 de novembro de 2004, p. 14 e seguintes.
85 Vide relatório *A World of Opportunity- Why the Protectionists are Wrong*, The Economist, 13 de novembro de 2004, p. 12 e seguintes.
86 Vide relatório *The Looming Revolution — China, the world's workshop, is poised to become its tailor. What will happen to textile industries elsewhere, especially in South Asia?* The Economist, 13 de novembro de 2004, p. 77 e seguintes (gráfico na p. 78).

to na era pré-TRIPs, eles não levam em conta o desenvolvimento real sob a influência do sistema da OMC. A desaprovação expressa parece comemorar a crítica e as sugestões feitas pela Conferência das Nações Unidas sobre Comércio e Desenvolvimento (UNCTAD) nos anos 70 do último século[87] e que inibiram o desenvolvimento do sistema internacional para a proteção dos direitos de propriedade intelectual sem trazer a menor vantagem para os países em desenvolvimento[88] — salvo vitórias políticas duvidosas. Mesmo se todas as comparações fossem inúteis, as inúmeras recomendações apresentadas para a alteração e o aperfeiçoamento do atual sistema internacional de proteção à propriedade intelectual como um todo e no interesse dos países em desenvolvimento especificamente nos fazem lembrar da observação de Karl Popper sobre a psicanálise freudiana: "O seu conteúdo lógico é certamente fantástico; mas o seu conteúdo empírico é nulo."[89] Os que acreditam poder conceber a proteção de direitos de propriedade intelectual em âmbito internacional e isoladamente das questões de comércio internacional julgam mal a realidade da globalização, seus fundamentos jurídicos e suas engrenagens funcionais. No atual estágio de desenvolvimento da globalização, o cumprimento de todas as exigências da OMC

---

87 UNCTAD, *The Role of the Patent System in the Transfer of Technology to Developing Countries*, Doc. TD/B/AC/11/19, 21 de abril de 1974.

88 Sobre este ponto, vide criticamente Straus, *Patent Protection in Developing countries, an Overview*, em: Equitable Patent Protection for the Developing World, Cornell Agricultural Economic Staff Paper 89-36, Ithaca, NY.

89 *Ihr logischer Gehalt ist sicher groß; aber ihr empirischer Gehalt ist Null.* Popper, *Wissenschaftslehre in entwicklungstheoretischer und in logischer Sicht*, em: Popper, *Alles Leben ist Problemlösen — Über Erkenntnis, Geschichte und Politik*, Munique e Zurique 2004, p. 15 e seguintes. (41).

— isto é, GATT e TRIPs — é decisivo para evitar atritos no comércio internacional, o que inevitavelmente afligiria mais os mais fracos e os muito fracos. A OMPI deveria ser alertada para considerar esse fator com muita atenção. Os pedidos que chegaram até ela ultimamente traçam um julgamento equivocado dessas realidades e são opressivos não apenas para a OMPI, mas para todo o sistema de proteção aos direitos de propriedade intelectual ao exigir soluções para todos os problemas do mundo.

Por conseguinte, atualmente, o bom funcionamento da proteção internacional dos direitos de propriedade intelectual, no contexto da ordem econômica mundial, depende da observância dos membros da OMC aos compromissos do TRIPs, GATT, TRIMS e GATS. As regras TRIPs-minus baseadas no modelo de Doha devem permanecer uma exceção ultrapassada, visto que apenas distorcem e enfraquecem o sistema sem conseguir fornecer soluções permanentes e adequadas aos problemas abordados.[90] No que diz respeito às deliberações TRIPs-plus "reais", elas carecem de fundamento como um conceito geral, até que se possa alcançar um equilíbrio em outras áreas da ordem econômica da OMC, ou seja, contanto que as futuras concessões relativas a acesso ao mercado, possível investimento, etc., não sejam adequadas. No entanto, os esforços de harmonização na área do direito técnico devem figurar como uma questão distinta. A obstrução, por exemplo, do trabalho do SPLT é contraproducente e mal direcionada, sobretudo porque diversos pontos fracos geral-

---

90 Vide Straus, *Bitbürger Gespräche, Anuário de 2003*, p. 129 e seguintes. Para mais detalhes, vide Hubbard, *Attacking Drug Makers is no Cure, Financial Times*, 16 de junho de 2004, p. 15.

mente reconhecidos no sistema[91] também poderiam ser remediados nesse contexto.

---

91 Vide Merrill, Levin e Myers, (ed.), *A Patent System for the 21st Century*, Washington, D.C. 2004, Relatório apresentado no mandato do Comitê sobre Direitos de Propriedade Intelectual na Economia do Conhecimento, Conselho de Ciência, Tecnologia e Política Econômica, Política e Assuntos Globais, Conselho Nacional de Pesquisa da Academias Nacional; vide também Levin, *A Patent System for the 21st Century, Issues in Science and Technology*, p. 49 e seguintes (verão de 2004).

Desenvolvimento, Propriedade Industrial e Judiciário

Importância da Propriedade Intelectual para Países em Desenvolvimento

Liliane do Espírito Santo Roriz de Almeida

1. Introdução

As diversas áreas de estudo e atuação de uma sociedade — política, economia, direito, dentre outras — não representam setores estanques. Pelo contrário, essas áreas distintas das ciências humanas se intercomunicam, conversando entre si e gerando conseqüências umas sobre as outras, criando um espaço interdisciplinar onde se estabelece o cenário para que um Estado possa se desenvolver.

A taxa de crescimento de um país está intimamente relacionada ao nível de investimentos que recebe, que, por sua vez, está diretamente relacionado à sensação de segurança jurídica que o país oferece.

E isso tudo se reflete de forma evidente na sensível área da propriedade industrial, especialmente em questões de transferência de tecnologia.

2. PI e desenvolvimento

Na área tecnológica, há claro divisor entre os países, que podem ser classificados em três categorias:[1]

• *Países geradores de tecnologia* — Nesses, a atividade inovadora acontece em uma escala significativa, enquanto os produtos e tecnologias patenteados são produzidos e vendidos tanto interna quanto externamente. Cerca de um bilhão de pessoas vivem nesses países;

• *Países difusores de tecnologia* — São aqueles que, basicamente, absorvem novas tecnologias desenvolvidas nos países do primeiro grupo, apresentando, entretanto, inovações em áreas limitadas e determinadas. Cerca de três bilhões e meio de pessoas habitam essas áreas, pouco mais de metade do planeta;

• *Países excluídos de tecnologia* — São aqueles em que a taxa de difusão e a extensão do uso de novas tecnologias são extraordinariamente baixos, atuando apenas em setores específicos, como o de recursos minerais e naturais, por exemplo. Eles não estão, portanto, totalmente excluídos de tecnologia, mas estão limitados àquelas que se difundem praticamente por toda parte, como celulares e *cyber* cafés, por exemplo. Por volta de um bilhão e meio de pessoas estão neste grupo.

Examinando-se a conjuntura atual, pode-se afirmar que o Brasil se encontra no segundo grupo.

Com efeito, temos imensa capacidade de absorver novas tecnologias, mas nossa contribuição para o desenvolvimento

---

[1] SACHS, Jeffrey. *Propriedade Intelectual e Desenvolvimento*. Obra coletiva. Org.: Marcelo Dias Varella. Lex Editora. SP, 2005, p. 22/24.

de alta tecnologia ainda é muito pequena e limitada a setores específicos, de interesse estratégico para o país, como as áreas de biocombustível e de prospecção de petróleo em águas profundas.

Para corroborar tal afirmação, tem-se, por exemplo, os seguintes dados, relativos ao ano de 2005, fornecidos pela Diretoria de Patentes do INPI: dos 20.677 pedidos de patente ali requeridos naquele ano, apenas 3.928 (menos de 20%) foram feitos por brasileiros.

Quais são os fatores primordiais, que poderiam conduzir um país para o primeiro grupo?

São diversos esses fatores, que estudiosos do problema poderiam melhor identificar, mesmo porque não é esse o fim deste trabalho.

Mas dúvida não há de que a segurança jurídica é um fator preponderante, a influenciar o ritmo de crescimento de um país, uma vez que a certeza ou incerteza dos investidores quanto à proteção de seus direitos é aspecto determinante na decisão de onde investir.

Há, assim, uma preocupação permanente com os efeitos perversos que um suposto mau funcionamento do Judiciário gera sobre o mercado. Essa preocupação é também dos magistrados brasileiros que, em evidente mudança de comportamento, vêm buscando um novo atuar de forma proativa na busca por soluções, com vistas a imprimir maior celeridade e maior efetividade às suas decisões.

O Judiciário é, assim, uma das instituições que produzem impacto efetivo sobre a condução da política econômica e sobre o ritmo de crescimento do país.

3. O papel do Judiciário

Vamos aqui nos limitar a um dos problemas mais lembrados, quando se trata de criticar o Judiciário brasileiro: a morosidade, fator sempre citado como integrante do chamado "custo Brasil".

Com efeito, para aquele que pretende propor uma ação judicial, os aspectos que influenciam diretamente em sua decisão são, principalmente, o valor que espera receber; as chances que tem de ganhar; e o tempo que terá de esperar para obter uma sentença definitiva e, conseqüentemente, para receber sua pretensão.

Assim, para que o Judiciário tenha uma plena e justa atuação, é indispensável que a decisão seja rápida e eficiente.

Por outro lado, é inegável que o Poder Público contribui, de forma decisiva, para a sobrecarga do Judiciário.

Segundo estudo da Universidade de Brasília — UnB ("Maiores Demandas no STF" — 2005/2006), a União e sua administração indireta participam com cerca de 43% do total de Recursos Extraordinários e Agravos de Instrumento no Supremo Tribunal Federal, sendo que os 11 maiores recorrentes e os 24 maiores recorridos são entes públicos. Destaque especial deve ser dado aos três primeiros, tanto entre recorrentes quanto entre recorridos, a União, o Instituto Nacional do Seguro Social — INSS e a Caixa Econômica Federal.

Ao lado do Poder Público, também os concessionários de serviço público se situam como grandes litigantes.

Tomando por exemplo a Justiça do Estado do Rio de Janeiro — a Justiça Estadual é mais exemplificativa desse aspecto do que a Justiça Federal, por força de sua competência —, somente no mês de abril de 2008 foram ali distribuídas 40.800 novas ações que tinham pessoas jurídicas no pólo passivo. Dessas, 34% eram instituições financeiras; outras 23% eram concessionárias de telefonia; quase 9% eram concessionárias de luz e esgoto.

Uma vez que a Justiça Estadual concentra os litígios entre particulares, pode-se com isso observar que cerca de 66% das novas ações propostas em face de pessoas jurídicas envolviam instituições que recebem uma atribuição do Poder Público para prestar serviços de utilidade pública e que deveriam se esforçar por uma boa prestação desses serviços, mas, pelo visto, não estão primando pela boa qualidade.

Se considerarmos que pode haver uma taxa de condenação em torno de 70% e que, em média, se levarão pelo menos três anos para se receber efetivamente o devido, pode-se facilmente concluir que o Poder Judiciário está sendo usado para financiar a mora dos devedores, tornando-se interessante para eles a longa espera pela sentença definitiva.

Cria-se, com isso, um círculo vicioso perverso em que a morosidade do Judiciário termina por incentivar a criação de mecanismos de descumprimento de normas legais por parte dessas empresas, cujos usuários terminam, por causa desses mecanismos, por lotar o Judiciário de ações, tornando-o ainda mais moroso.

Este parece ser, também, o raciocínio lógico feito pelo Poder Público: jogar para Administrações futuras o pagamento de um passivo criado pela Administração atual, confiando na "cumplicidade" da Justiça morosa.

Em resumo, a parte que tem razão é a que perde, com a morosidade da Justiça.

Há que se buscar, pois, mecanismos de proteção a fim de evitar esse mau uso do Judiciário, e alguns deles já foram implementados, como se verá a seguir.

4. A mudança de paradigma

Até meados da década de 90, prevalecia no processo civil brasileiro o antigo paradigma que assegurava somente ser possível qualquer medida satisfativa do direito do autor após o trânsito em julgado da sentença, uma vez que o juiz se limitava a "declarar" o direito.

Após 1997, um novo paradigma passou a reger o processo civil, o das tutelas preventivas, que antecipa a pretensão, de imediato, àquele autor que evidentemente tem o bom direito a seu lado.

O direito da propriedade industrial é beneficiário direto dessa mudança de paradigma.

Não se pode olvidar que, no âmbito da propriedade industrial, o paradigma do ressarcimento posterior do dano é, na maior parte das vezes, insuficiente para repor o *status quo ante*, por força da permanência do benefício econômico derivado indiretamente do ilícito, em favor daquele que praticou a lesão.

Tome-se por exemplo a utilização indevida de marca ou patente alheia, na qual o ressarcimento do dano somente após o trânsito em julgado termina, por força do longo tempo decorrido, por agregar um valor indevido ao produto pirateado e à própria empresa infratora, valor esse difícil de ser desfeito, afetando, também, por vezes, o interesse do consumidor, prejudicado pela confusão entre os produtos, já fixada em sua mente.

Assim, a superação efetiva do ilícito deve ser, tanto quanto possível, agilizada.

5. A Emenda Constitucional nº 45/2004

Em 30/12/2004, foi promulgada a Emenda Constitucional nº 45, que acrescentou ao art. 5º da Constituição Federal o inciso LXXVIII, que assegurou a todos novas garantias fundamentais:

• à razoável duração do processo; e

• à busca de meios que garantam a celeridade da tramitação processual e sua efetiva aplicação.

Essas garantias consistem em conceitos indeterminados, que devem ser preenchidos pelo juiz, pelo administrador e pelo legislador, dependendo da natureza da medida adotada.

Nesse ponto, deve ser aberto um parêntese, para que se façam três observações:

1ª) *"Tempo razoável"* não é sinônimo de tempo acelerado ou de tempo dilatado. É, sim, um tempo de tramitação otimizado, em compasso com o tempo da Justiça. Em outras palavras, o conceito de tempo é relativo: há um tempo da Justiça, um tempo da mídia, um tempo da sociedade, um tempo da história.

2ª) A garantia da razoável duração do processo tem um caráter bidimensional: por um lado, representa uma concessão ao jurisdicionado do tempo suficiente para exercício de seu direito de defesa; por outro, uma prestação da justiça em tempo curto.

3ª) Devem-se harmonizar as necessidades de rapidez e eficiência do processo com o tempo adequado à preservação dos direitos dos litigantes.

Visto isso, há que se reconhecer que alguns processos envolvem lides tão específicas que, mesmo tramitando em tempo exíguo, ainda assim não satisfazem ao tempo dos sistemas a que estão dirigidos.

É o que ocorre, via de regra, na propriedade industrial.

O tempo das empresas, especialmente das grandes empresas, é incompatível com o tempo do processo judicial.

O tempo de julgamento de uma demanda será sempre muito mais lento do que o da decisão para a implantação de um negócio. A Justiça em tempo real pretendida por alguns setores é irreal e inalcançável, uma vez que há princípios jurídicos que devem ser respeitados, como o do devido processo legal, o do contraditório e o da ampla defesa, até que o processo esteja maduro para julgamento.

Assim, é necessário encontrar meios que assegurem essa razoável tramitação processual do feito, sem prejuízo do contraditório.

Nesse sentido é que a especialização de juízos em matérias específicas assume enorme importância, por ser, no primeiro momento:

- rapidamente implementável — não há necessidade de lei;

- de custo quase zero.

Ademais, juízes especializados podem conduzir melhor as especificidades comuns aos litígios da propriedade industrial, por força de sua experiência e familiaridade com a matéria, quase sempre de grande complexidade, especialmente na área de patentes tecnológicas.

6. O papel da Justiça Federal da 2ª região

Especificamente na área tecnológica, a Justiça Federal da 2ª Região (Rio de Janeiro e Espírito Santo) adquire importância especial, por situar-se na cidade do Rio de Janeiro a sede do órgão patentário brasileiro, o Instituto Nacional de Propriedade Industrial — INPI, e, por conseguinte, serem aqui propostas a maior parte das ações que versam sobre patenteabilidade.

Com esse espírito é que o Tribunal Regional Federal da 2ª Região decidiu, a bom tempo, especializar juízos em propriedade industrial, o que ocorreu em duas etapas:

- *1ª etapa* — na 1ª instância (iniciada em setembro de 2000) — quatro Varas Especializadas;

- *2ª etapa* — na 2ª instância (iniciada em fevereiro de 2005) — duas Turmas Especializadas.

Outra medida adotada foi a implantação, nas duas Turmas Especializadas, de sessões temáticas. Isso foi necessário porque ambos os órgãos fracionários acumulam também o julgamento de matéria criminal e previdenciária. Com a sessão temática, o magistrado tem necessariamente que trabalhar paralelamente em feitos das três áreas, sem privilegiar nenhuma delas, a fim de que tenha sempre processos incluídos em todas as pautas de julgamento.

O resultado dessas duas medidas simples e eficazes — a especialização e as sessões temáticas — tem sido excelente, o que se sente tanto pelas manifestações dos advogados e das partes, quanto pelos gráficos a seguir.

Antes da apresentação dos gráficos, em mais um breve parêntese, devem ser feitas algumas observações, para que os mesmos possam ser eficientemente interpretados.

1ª) Como é sabido, os processos são classificados por assunto, ao ser distribuídos. Antes da especialização, não havia uma classe de processos para propriedade industrial. Com isso, os processos de propriedade industrial eram classificados de forma mais genérica, como "propriedade civil", e, por isso, entravam na mesma classe dos demais assuntos da área cível, o que não nos permite avaliar o tempo médio de andamento anterior, para uma comparação efetiva com o atual. A especialização permitiu, assim, além de acelerar o trâmite, efetuar uma adaptação dos sistemas de informação para o pleno acompanhamento e controle segmentado das diversas classes e assuntos relacionados à matéria.

2ª) O Sinejus — Sistema de Estatísticas da Justiça Federal (Resolução 398 do Conselho da Justiça Federal) uniformizou, em nível nacional, a prestação de informações estatísticas através de mapas estatísticos da Justiça Federal, com destaque para os mapas de movimentação processual e de produtividade, ambos segmentados por classes e assuntos.

3ª) O Sistema de Indicadores Estatísticos do Poder Judiciário (Resolução nº 15 do Conselho Nacional de Justiça), que atualmente está sendo aperfeiçoado em trabalho conjunto das Justiças Federal, Estadual e do Trabalho, define indicadores estatísticos que pretendem "radiografar" a Justiça brasileira como um todo e dar suporte às decisões estratégicas do CNJ.

4ª) Com o objetivo de atender ao Sinejus e apoiar a gestão da nova realidade da Justiça Federal da 2ª Região, foi desenvolvido, pelo TRF-2, o Portal de Estatísticas que extrai informações diárias da base de dados do Sistema de Acompanhamento Processual e permite publicar relatórios personalizados dinamicamente pelos próprios usuários. Foi eleito pelo Comitê Gestor do Sinejus como modelo nacional e atualmente cópias do Portal estão em desenvolvimento na 3ª e na 4ª Regiões.

Fechado o parêntese — não tão breve assim, mas necessário —, retorna-se à análise dos resultados da especialização em propriedade industrial, na 2ª Região, a partir dos gráficos a seguir, todos datados de maio de 2008.

Iniciaremos pelo 1º grau, visto que já especializado há mais tempo (8 anos).

1º gráfico:

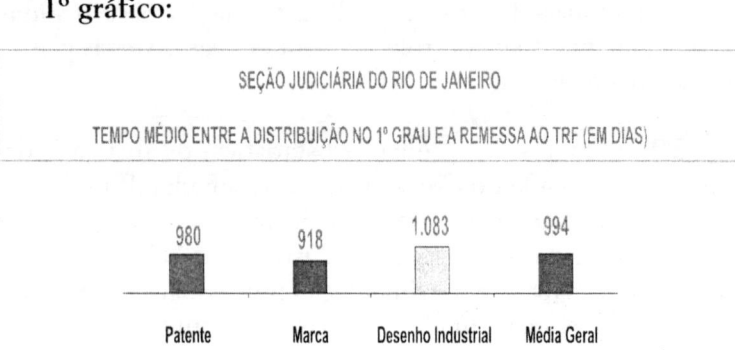

SEÇÃO JUDICIÁRIA DO RIO DE JANEIRO

TEMPO MÉDIO ENTRE A DISTRIBUIÇÃO NO 1º GRAU E A REMESSA AO TRF (EM DIAS)

Patente	Marca	Desenho Industrial	Média Geral
980	918	1.083	994

Repito que não foi possível obter da 1ª instância dados anteriores à especialização, para fins comparativos. Destaco também que o cômputo de dias acima inclui processos antigos, que ainda não foram julgados, o que termina por aumentar a média de dias apurada.

Ainda assim, pode-se observar que, em 1º grau, em que se dá todo o processamento do feito, incluindo citação, prazos em quádruplo para resposta do réu, dilação probatória — eventualmente, perícia ou oitiva de testemunhas —, prazos em dobro para recorrer, além de outros possíveis incidentes processuais, os feitos têm demorado em média algo em torno de dois anos e meio, o que não é muito, para os padrões brasileiros.

2º gráfico:

TRF DA 2ª REGIÃO
TOTAL DE PROCESSOS DE PROPRIEDADE INDUSTRIAL EM TRAMITAÇÃO POR ANO DE AUTUAÇÃO
POSIÇÃO: MAIO DE 2008

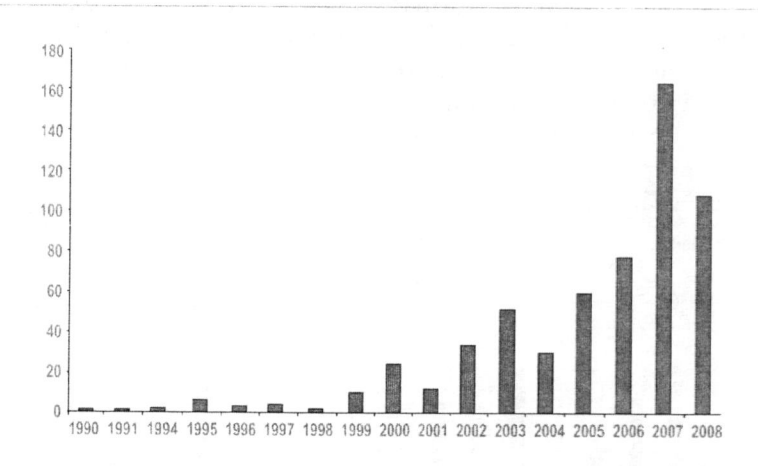

Na 2ª instância, já estamos prestes a liquidar o acervo de processos antigos, como se pode observar pelo gráfico a seguir.

A partir do 2º gráfico, algumas conclusões podem ser tiradas:

- há cerca de 600 processos de propriedade industrial tramitando no Tribunal;

- cerca de 65% (± 380) desses feitos consistem em acervo novo, pois foram distribuídos entre 2006 e 2008, contando, pois, com apenas alguns dias ou meses ou, no máximo, dois anos e meio de tramitação no tribunal, sendo que quase 30% (± 110) desse percentual é do corrente ano, consistindo em acervo novíssimo;

- apenas cerca de 5% (29) foram distribuídos na década de 1990, podendo ser considerado um acervo muito antigo;

- o restante, cerca de 30% (190), foi distribuído entre 2000 e 2005, representando um acervo de média idade.

Com isso, pode-se afirmar que o acervo de processos de propriedade industrial do TRF-2 é relativamente novo, havendo alguns poucos casos preocupantes, mas cuja lenta tramitação pode decorrer ou de sua complexidade ou da perda de objeto e de interesse das partes.

3º gráfico:

TRF DA 2ª REGIÃO

TEMPO MÉDIO DE TRAMITAÇÃO NO 2º GRAU (EM DIAS)

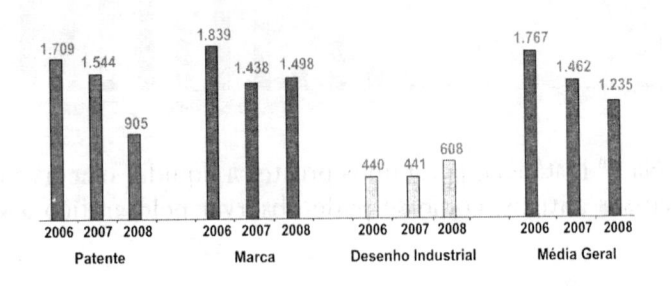

Patente			Marca			Desenho Industrial			Média Geral		
2006	2007	2008	2006	2007	2008	2006	2007	2008	2006	2007	2008
1.709	1.544	905	1.839	1.438	1.498	440	441	608	1.767	1.462	1.235

Ressalto que a média apurada no 3º gráfico inclui os processos que chegaram ao Tribunal antes da especialização, que foram redistribuídos aos componentes das Turmas Especializadas e que ainda não foram julgados, o que influi no aumento da média.

Pode-se observar, pelas colunas comparativas entre os três anos apurados, que a média de dias de tramitação vem caindo sensivelmente, no caso de processos que envolvam patentes, reduzindo-se o decréscimo, em caso de processos de marcas e havendo até aumento da média, em caso de desenho industrial. De qualquer forma, a redução em patentes foi tão significante que reduziu consideravelmente a média geral.

Destaco deste gráfico que os feitos relativos a patentes — área mais sensível da propriedade industrial — estão, no corrente ano, tramitando em cerca de 900 dias (dois anos e meio), isto é, computando-se da data de entrada no Tribunal até a data de saída. Pode não ser ainda grande coisa, mas já é um ganho sensível, se comparado aos anos anteriores.

Por outro lado, os gráficos a seguir vão demonstrar, de forma mais efetiva, os ganhos havidos com a especialização.

4º gráfico:

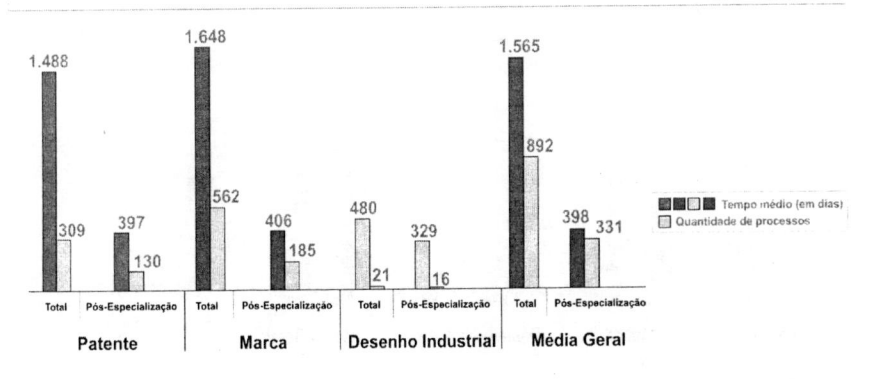

TRF DA 2ª REGIÃO

COMPARATIVO DOS TEMPOS MÉDIOS DE TRAMITAÇÃO NO 2º GRAU NO TRIÊNIO 2006-2008
TOTAL DE PROCESSOS AUTUADOS (1989 - 2008) X PROCESSOS AUTUADOS APÓS A ESPECIALIZAÇÃO (2005-2008)

	Patente		Marca		Desenho Industrial		Média Geral	
	Total	Pós-Especialização	Total	Pós-Especialização	Total	Pós-Especialização	Total	Pós-Especialização
Tempo médio (em dias)	1.488	397	1.648	406	480	329	1.565	398
Quantidade de processos	309	130	562	185	21	16	892	331

Este gráfico expurgou do cálculo do tempo médio os processos que já se encontravam no Tribunal antes da especialização, permitindo comparar com o tempo médio daqueles distribuídos após a especialização. Já a coluna cinza representa o total de processos que contribuíram para aquele determinado andamento médio.

Por exemplo: no caso das patentes, temos 309 processos distribuídos antes da especialização, com uma média de 1.488 dias de andamento, enquanto relativamente aos processos distribuídos após a especialização, que são 130, o tempo médio foi de 397 dias.

Se formos analisar a média geral, o número médio de dias necessários à tramitação dos feitos de propriedade industrial no tribunal caiu de 1.565 para 398 dias, ou seja, passou de pouco mais de quatro anos para cerca de um ano.

Pode-se, com isso, concluir que houve um ganho efetivo em celeridade na tramitação de processos com a especialização.

Esse ganho fica ainda mais evidente pela análise do gráfico a seguir.

5º gráfico:

TRF DA 2ª REGIÃO

TEMPO MÉDIO DE TRAMITAÇÃO NO 2º GRAU DOS PROCESSOS RESOLVIDOS NO MESMO ANO DA AUTUAÇÃO

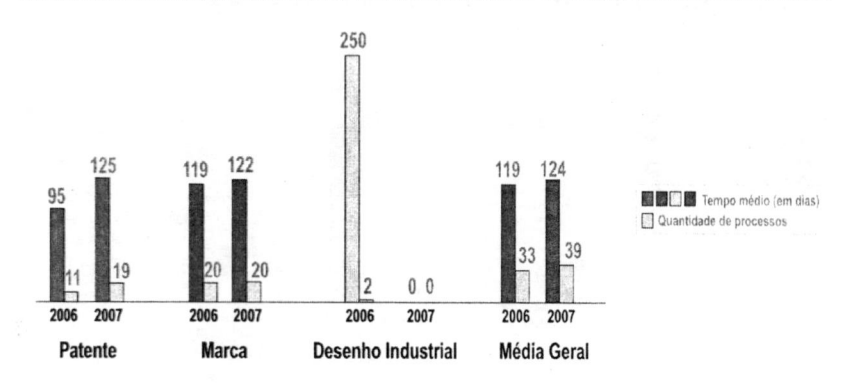

	2006	2007
Patente	95 / 11	125 / 19
Marca	119 / 20	122 / 20
Desenho Industrial	250 / 2	0 / 0
Média Geral	119 / 33	124 / 39

■ Tempo médio (em dias)
□ Quantidade de processos

Por esse gráfico, pode-se ver a quantidade de processos que foram resolvidos pelo Tribunal no mesmo ano em que foram distribuídos e o tempo médio que levaram entre a distribuição e a remessa para o grau subseqüente, quer sejam os tribunais superiores ou a 1ª instância.

Destaco que, em 2006, o tempo médio para processos que discutiam patentes foi de **apenas** 95 dias, isto é, *meros três meses*, sendo que em 2007 foram de somente *quatro meses*, sendo essa também a média geral.

Em outras palavras, já há processos cuja tramitação no tribunal leva tão-somente *quatro meses*, o que é, diga-se de passagem, o tempo ideal para que o mesmo cumpra o rito do 2º grau, qual seja: é distribuído a um relator, que elabora seu relatório e voto, encaminhando-o à Secretaria da Turma que, por sua vez, faz sua inclusão em pauta de julgamento, com cerca de três semanas de antecedência, e publica a pauta. Uma vez julgado, publica-se o acórdão e espera-se o decurso do prazo recursal, com sua respectiva tramitação. A seguir, o processo tem seu envio ao grau subseqüente. Todo esse processamento já tem sido feito em cerca de quatro meses!

Os gráficos acima, portanto, bem demonstram o ganho de produtividade havido com uma medida simples e de custo insignificante, que foi a especialização.

Cabe destacar, ainda, que uma das metas de produtividade fixadas pelo TRF-2, para o biênio 2007/2008, é a de reduzir em 35% o número de processos em tramitação sem julgamento há mais de dez anos até dezembro do corrente ano, considerando a posição de maio de 2007, com vistas a eliminá-lo em médio prazo.

Outro aspecto interessante a ser analisado é a produtividade do TRF-2 entre 2006 e 2008: do total de 1.479 processos de propriedade industrial que tramitaram pelo tribunal, durante esses dois anos e meio desde a especialização, 892 (cerca de 60%) já foram julgados. Isto quer dizer que, em tempo bastante razoável, estamos liquidando o passivo em propriedade industrial.

7. Conclusão

No mundo globalizado, a disputa pelo capital estrangeiro é decidida com base em alguns aspectos, que fazem a diferença entre os países.

A falta de agilidade da Justiça é um desses aspectos, que terminam por influenciar no chamado "custo Brasil".

Segundo cálculos da OAB e do Ipea, a economia brasileira perde cerca de US$10 bilhões por ano com a morosidade da Justiça, estimativa essa que, para alguns analistas, é conservadora.

Apenas as dez maiores causas em tramitação no Supremo Tribunal Federal e no Superior Tribunal de Justiça somam cerca de R$250 bilhões.

As questões que podem ser resolvidas pela via da arbitragem já encontraram sua solução. As demais, porém, necessitam de uma resposta mais ágil do Judiciário.

O jurisdicionado não pode ficar aguardando 15 ou 20 anos uma resposta.

O Tribunal Regional Federal da 2ª Região vem fazendo a sua parte, municiando-se de tecnologia da informação de última geração que, gradualmente, está sendo incorporada ao dia-a-dia dos gabinetes, órgãos de julgamento e varas, melhorando, com isso, a produtividade e a gestão do acervo, e tornando mais célere a prestação jurisdicional.

A especialização de julgamentos, a instituição do Sinejus e, mais recentemente, a implantação do Sistema de Indicadores Estatísticos do Poder Judiciário e do Portal de Estatísticas estão promovendo profundas mudanças na prestação de informações gerenciais e, com isso, alterando o modo de ver, de pensar e de entender a função de "prestar justiça" por parte de seus integrantes, sejam magistrados, sejam servidores.

Os meios que estão ao nosso alcance para amenizar o problema, e que não necessitam de intervenção legislativa, devem e são implementados em curto prazo, com reflexos imediatos na aceleração da prestação jurisdicional efetiva, especialmente na área de propriedade industrial, que é por demais sensível a grandes delongas nos julgamentos.

Outros meios devem ser ainda buscados e, com toda certeza, serão.

A importância dos ativos intangíveis na era do conhecimento

A experiência da Natura

Renata K. Franco Morassutti

A Natura nasceu, em 1969, de duas paixões: a paixão pelos produtos cosméticos e pelas relações humanas. Acreditamos que os cosméticos têm o poder de promover o bem-estar, que é a relação harmoniosa do indivíduo consigo mesmo, e o estar bem, relação empática, prazerosa do indivíduo com o outro. Nossa razão de ser é justamente a de criar e comercializar produtos e serviços que promovam o que passamos a chamar de "Bem-Estar Bem".

Nossa outra paixão, pelas relações, e nossa crença de que a vida é um encadeamento de relações e de que a empresa pode ser uma importante promotora de transformação social fez com que, a partir de 1974, adotássemos a venda direta como canal de comercialização de nossos produtos e serviços. Surgiram aí as Consultoras Natura, que hoje são mais de 500 mil espalhadas pelo Brasil e por nossas operações internacionais na Argentina, Chile, Peru, México e França.

Tais crenças, paixões e razão de ser sustentam nossa visão de que a Natura, por seu comportamento empresarial, pela qualidade das relações que estabelece e por seus produtos e serviços, será uma marca de expressão mundial, identificada com a comunidade de pessoas que se comprometem com a construção de um mundo melhor através da melhor relação consigo mesmas, com o outro, com a natureza da qual fazem parte, com o todo.

Daí pode-se verificar claramente que o negócio Natura está baseado, portanto, em três pilares básicos: (i) nosso comportamento empresarial, que define nossa própria identidade, (ii) nossos produtos e (iii) nossas relações. Nossa identidade é traduzida pela marca Natura, que é a própria expressão de nosso comportamento empresarial, de nossa essência. Nossos produtos, por sua vez, carregam em si toda nossa capacidade de inovação e forjam nossa cultura de pesquisa e desenvolvimento tecnológico. Já a nossa preocupação com as relações que estabelecemos está expressa na escolha de nosso próprio modelo comercial — o da venda direta — e do nosso compromisso com a sustentabilidade.

Assim, colocando em outras palavras, podemos dizer que os pilares de sustentação do negócio Natura são basicamente a **marca**, as **inovações** e o **canal de vendas**. Analisando tais pilares, percebemos que eles definem e lapidam todo o conjunto de nosso capital intelectual e demonstram, de forma inequívoca, que a sua proteção significa a proteção do próprio negócio. Não resta dúvida de que o cuidado com nossas marcas, nossas invenções e com nosso modelo comercial é imprescindível para que asseguremos a própria continuidade do negócio.

Capital Intelectual

⇩

[Diagrama: três círculos sobrepostos rotulados "Marca", "Inovação" e "Canal / Modelo Comercial", com "NATURA" no centro, envoltos por uma elipse pontilhada.]

É interessante notar que, mesmo tendo sido fundada em um momento em que os bens tangíveis ainda eram vistos como os ativos mais valiosos de uma empresa (visão típica da era industrial), a Natura já demonstrava naquela época estar alinhada com uma nova mentalidade empresarial: a de que o grande valor de uma empresa está em seus bens intangíveis, em seu capital intelectual. Mesmo antes de nos darmos conta de que a era industrial estava em seus últimos dias, a Natura já vivia, instintivamente, a era do conhecimento.

Nessa nova era, o valor da empresa não está simplesmente baseado nos ativos tangíveis contabilizados em seus livros, mas sim na sua capacidade de gerar novos negócios, o que se traduz no seu próprio valor de mercado. E apenas uma empresa com uma identidade (marca) bem definida e grande capacidade de inovar terá a habilidade de gerar negócios futuros em seu mercado.

Estudos realizados em 2000 pela empresa de consultoria *Brand Finance* revelam que, em 1990, a marca de uma empresa já representava 40% de seu valor total. Em 2010, esse valor provavelmente chegará à casa dos 60%. Em novos estudos, em 2004, a Brand Finance verificou que 97% do valor da empresa Amazon, por exemplo, vem do seu ativo intangível, enquanto, no caso da Procter & Gamble, esse valor chega a 90%. Isso explica a preocupação que as empresas da era do conhecimento têm para com os seus direitos de propriedade intelectual. A Natura não é exceção a essa regra.

A importância que damos ao nosso capital intelectual, traduzida em planos de ação e estratégias de gestão e de proteção de nossa propriedade intelectual, resultou em significativas conquistas ao longo do tempo. Em 2005, por exemplo, a marca Natura foi considerada a quarta marca mais valiosa do Brasil (valendo US$573 milhões)[1], além de ter tido o seu alto renome reconhecido pelo Instituto Nacional da Propriedade Industrial — INPI.

O reconhecimento do alto renome da marca Natura é resultado de todo um planejamento estratégico contínuo de construção e gestão desse valioso ativo que teve início desde a fundação da companhia. Neste esforço, a Natura implementa um conjunto de ações relacionadas à linguagem da marca, à geração de conteúdos, à administração e proteção de nossas submarcas (marcas que identificam nossas várias linhas de produtos), às ações de propaganda e, principalmente, à proteção legal da própria marca Natura. O reconhecimento do alto renome significa, portanto, não apenas o aumento do raio de proteção da marca Natura, mas principalmente o coroamento legal de todo o esforço na construção da marca, à qual estão, agora, reconhecidamente incorporados os valores que têm norteado a atuação da empresa ao longo de seus trinta e sete anos de atividade. No nosso entender, esse reconhecimento também demonstra que o processo de construção de nossa marca foi, de fato, um dos mais legítimos e reforça nossa preocupação em manter ações de

---

[1] Em pesquisa realizada pela revista *ISTOÉ* Dinheiro e pela Interbrand.

construção e de gestão desse ativo a fim de assegurarmos a manutenção de seu alto renome.

Nesse contexto, reforça-se a necessidade de uma bem elaborada estratégia de proteção legal das marcas não somente no Brasil, mas também no exterior, já que elas são um importante vetor da internacionalização da empresa. Assim sendo, desenvolvemos e implementamos uma política corporativa de marcas, na qual foram estabelecidas diretrizes estratégicas para os seus registros, no Brasil e nos demais países de interesse, e para a sua proteção contra uso indevido e falsificação. Tal política aplica-se não só à marca institucional Natura, mas também à nossa carteira de submarcas, que conta hoje com quase dois mil pedidos ou registros no Brasil e no exterior. O quadro abaixo mostra nossa carteira de marcas nos países ou regiões onde temos operações[2]:

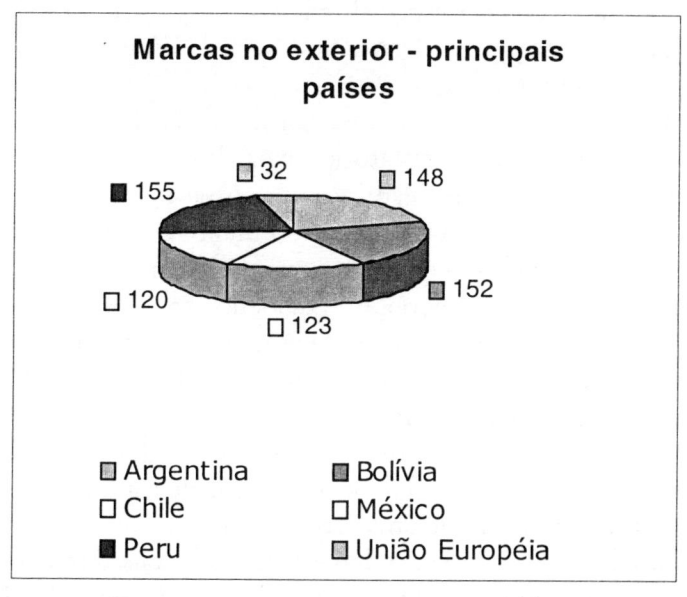

Marcas no exterior - principais países

- Argentina: 32
- Bolívia: 148
- Peru: 155
- Chile: 120
- México: 152
- União Européia: 123

---

[2] Dados atualizados até agosto/2006.

A proteção legal das marcas demonstra também o respeito e a preocupação que temos para com nossos *stakeholders*, como colaboradores, consultores, consumidores e investidores, que têm principalmente na marca Natura o maior ativo da companhia. A ausência de uma cuidadosa gestão deste ativo pode levar à perda de nossa própria identidade, o que, sem dúvida, refletiria negativamente na forma pela qual o mercado nos vê e na confiança que ele tem na nossa capacidade de geração de negócios futuros.

A falta de proteção legal de nossas marcas pode também dar ensejo à diluição de sua capacidade distintiva e à inevitável diminuição de seu valor patrimonial. Para evitar que isso ocorra, temos agido com constância e rigor no combate ao uso indevido de nossas marcas e à falsificação, por meio da atuação de uma gerência especializada em propriedade intelectual, que conta com um gerente designado especificamente para esse assunto.

Os esforços da Natura nesse sentido têm sido recompensados com resultados satisfatórios. Nos últimos três anos, por exemplo, os índices de falsificação de nossas marcas e produtos mantiveram-se estáveis, mesmo diante do crescimento expressivo do negócio e do lançamento de várias novas submarcas ao longo desse período. A tendência revelada por esses indicadores é de que o número de produtos falsificados venha a cair nos próximos anos, desde que as medidas de combate sejam contínuas e robustas.

Há que se ter em mente, entretanto, que a defesa e proteção de nossas marcas não depende apenas de esforço isolado da empresa, mas sim de uma estrutura governamental e judiciária adequada para conceder e fazer valer tais direitos de propriedade industrial. De fato, a demora na concessão dos registros de marca pelo Instituto Nacional da Propriedade Industrial — INPI (que hoje pode chegar a mais de seis anos) tem gerado insegurança jurídica para os titulares de marcas, já que a ausência do registro dificulta a tomada de medidas no Judiciário contra os piratas e falsificadores. Temos recebido com entusiasmo, porém, as notícias de recentes reformas no INPI com vistas à agilização dos processos de registro de marcas.

O Judiciário, por sua vez, também necessita de reformas a fim de que os titulares possam fazer valer seus direitos de forma concreta, rápida e eficiente. A primeira reforma passa pela criação de novas varas especializadas em propriedade intelectual, assim como já ocorre em praças como o Rio de Janeiro. Iniciativas como essa deveriam expandir-se para outras praças, como São Paulo, por exemplo, onde o número de demandas relativas à propriedade intelectual tem sido crescente. Dessa forma, garantir-se-iam decisões mais rápidas e muito mais bem embasadas, o que resultaria em uma maior segurança jurídica para a sociedade como um todo.

Além da especialização de varas, é imperativo que nosso ordenamento jurídico seja objeto de um contínuo avanço. É certo que o Brasil já possui hoje uma legislação moderna e alinhada com as diretrizes estabelecidas em tratados internacionais que regulam esses direitos, mas é necessária uma constante avaliação da conveniência e possibilidade de assinarmos outros tratados e acordos que possam favorecer o Brasil e os seus detentores de propriedade intelectual. O Sistema de Madri, por exemplo, pode servir como interessante mecanismo adicional de registro de marcas no exterior para empresas que exportam seus produtos ou que estejam em processo de internacionalização, assim como a Natura. Certamente, entretanto, a adoção desse ou de outro acordo internacional depende de uma análise criteriosa de nossa legislação e constituição, das condições estruturais de nossos órgãos governamentais — em especial do INPI — e dos impactos que tais acordos podem trazer aos titulares de direitos de propriedade intelectual nacionais.

É fundamental, outrossim, que a matéria de propriedade intelectual e a respectiva legislação aplicável sejam mais profundamente estudadas não somente nas academias de direito, mas também em outras faculdades, como as de engenharia, de economia e administração, da área médica e biológica, etc. Aliás, as noções e princípios básicos de propriedade intelectual deveriam ser de conhecimento não só no mundo acadêmico, mas também no mundo corporativo e governamental. Falta ainda, entretanto, a própria disseminação da cultura de propriedade intelectual e a efetiva aplicação das respectivas leis.

A realidade brasileira, quando comparada com a de países desenvolvidos, que são os maiores patenteadores mundiais, demonstra a necessidade de ampliarmos essa cultura, principalmente quando se vive a era do conhecimento. Mesmo quando comparado a outros países em desenvolvimento, vemos que o Brasil ainda tem um longo caminho a percorrer no que tange ao desenvolvimento tecnológico e à cultura de propriedade intelectual. Com efeito, indicadores de patentes recentes têm demonstrado que os países em desenvolvimento que mais cresceram nos últimos anos tiveram significativo aumento no número de patenteamentos. Entretanto, analisando as estatísticas da Organização Mundial de Propriedade Intelectual — OMPI de 2005, verificamos que o Brasil ainda fica atrás de outros países emergentes como a Coréia, Índia, China e África do Sul no que concerne ao depósito de patentes internacionais[3].

Países que estabelecem políticas consistentes de apoio à inovação tecnológica possibilitam maiores investimentos em

---

3   Em 2005, segundo *site* da OMPI, o Brasil depositou apenas 275 pedidos de patente internacional, enquanto a África do Sul depositou 360, a Índia, 675, a China, 2.501, e a Coréia, 4.422 pedidos.

pesquisa e desenvolvimento por parte de suas empresas, o que, por sua vez, resulta em produtos e serviços mais competitivos e de melhor qualidade nos mercados nacionais e internacionais, além de gerar mais empregos. Além disso, o licenciamento das tecnologias patenteadas e não patenteadas é também uma valiosíssima fonte de receitas para os países. Os Estados Unidos, por exemplo, faturam anualmente algo em torno de US$45 bilhões em licenciamento de tecnologia, sendo que o valor dos direitos de propriedade intelectual representam US$5 trilhões na economia americana, segundo estudo dos economistas Robert Shapiro e Kevin Hassett.[4]

É preciso, portanto, que o governo e todos os segmentos da sociedade brasileira compreendam a importância dos ativos intelectuais e se convençam de que a sua proteção servirá de estímulo para novas criações e desenvolvimentos e para maiores investimentos dos setores produtivos em inovação de todos os tipos. O Dr. Carlos Henrique de Brito Cruz, Diretor Científico da Fundação de Amparo à Pesquisa do Estado de São Paulo — Fapesp, corrobora esse entendimento ao comentar que " (...) Ninguém vai investir em pesquisa sem ter a certeza de que a legislação e o sistema jurídico vão lhe garantir o benefício de ter sido o primeiro a criar alguma coisa."[5]

É fundamental, outrossim, que haja uma maior interação entre universidade e empresa. Sem dúvida, a universidade é o grande centro de conhecimento técnico-científico, concentrando a comunidade de cientistas de nosso país[6]. A empresa,

---

4 *Towards a more inclusive patent world*, Intellectual Asset Management Magazine, June/July 2006, p. 17.
5 Entrevista concedida à revista *Veja* (edição 1969, ano 39, nº 32).
6 Segundo informações da revista *Veja* (vide nota 5), apenas 30% dos cientistas brasileiros estão nas empresas, enquanto o restante ainda está na academia.

por sua vez, é quem conhece o mercado e as suas flutuantes demandas. Esses conhecimentos, unidos e integrados, é que geram a verdadeira inovação tecnológica. Nesse sentido, a promulgação da Lei de Inovação e os incentivos fiscais recentemente concedidos pelo governo federal são exemplos de ações governamentais que incentivam o desenvolvimento tecnológico e aproximam esses dois pólos de conhecimento.

A parceria entre universidade e empresa é uma das estratégias de inovação utilizadas pela Natura. Aliás, a Natura é uma das empresas que mais investem em pesquisa e desenvolvimento no Brasil. Somente em 2005, foram investidos R$ 67,1 milhões em inovação (quase 3% da receita líquida), o que representou um aumento de 41,5% em relação a 2004. Os frutos desse investimento traduziram-se em 213 produtos lançados em 2005, em comparação com os 182 lançados em 2004. Para os próximos anos, pretendemos investir ainda mais na nossa área de pesquisa, inaugurando um novo centro tecnológico e buscando novas parcerias com universidades, centros de pesquisas e agências de fomento no Brasil e no exterior, além das parcerias com comunidades extrativistas. Nesse ponto, é importante observar que o uso dos ativos da biodiversidade brasileira em nossos produtos também demonstra o pioneirismo e o espírito inovador da Natura. De fato, a Natura foi uma das primeiras empresas a obter, junto ao Conselho de Gestão do Patrimônio Genético — CGEN, uma autorização de acesso ao patrimônio genético, no caso o breu branco da região do Iratapuru. Isso demonstra não somente nosso compromisso com um modelo de negócio sustentável, mas também nossa vontade de contribuir para a própria construção dos marcos legais e regulatórios na área da biodiversidade, que ainda hoje não se encontram totalmente consolidados e sedimentados.

Ainda falando em inovação, temos percebido, em termos de patenteamento, um gradual aumento no número de novas patentes depositadas desde o ano 2000, sendo que nosso *portfolio* de patentes e de desenhos industriais ativos no Brasil e no exterior chega hoje a mais de 700 processos, como se pode ver do quadro abaixo[7]:

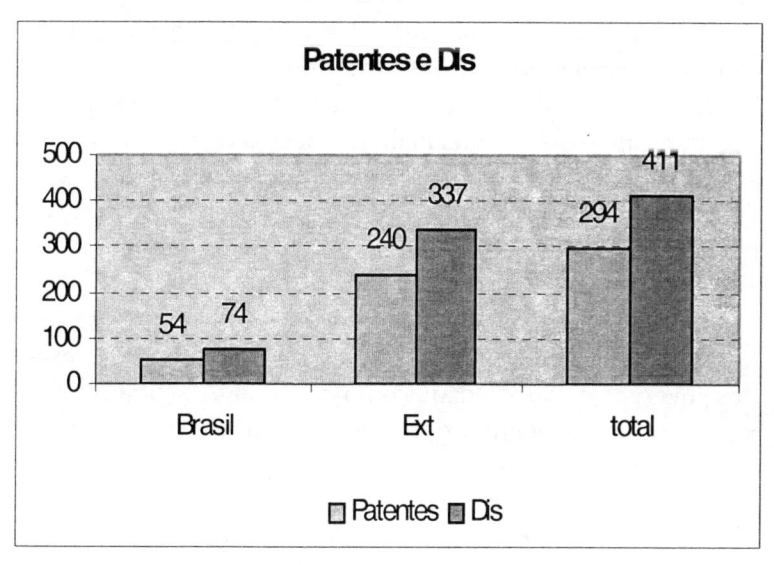

Patentes e DIs

	Patentes	DIs
Brasil	54	74
Ext	240	337
total	294	411

As estratégias de patenteamento, assim como ocorre com nossas marcas, também são objeto de uma política corporativa que abrange o Brasil e o exterior. Nessa política, estabelecemos as diretrizes para o depósito de novas patentes, sua manutenção e proteção ao redor do globo.

A gestão, implementação e constante atualização das políticas corporativas de marcas e de patentes, as quais foram elaboradas e acordadas por um comitê interno voltado especificamente para assuntos relacionados à propriedade intelec-

---

[7] Dados atualizados até agosto/2006.

tual, é de competência da gerência de propriedade intelectual da Natura. Essa gerência, que conta com um corpo de advogados e engenheiros especializados na matéria, ainda é responsável pela gestão dos próprios processos de marcas, de patentes e de desenhos industriais. Essa estrutura organizacional permite que seja dado foco estratégico aos ativos intangíveis da companhia, fazendo com que todo o capital intelectual da companhia seja efetivamente protegido.

É certo que tal estrutura e o atual estágio de nossas políticas de propriedade intelectual, que necessitam de freqüente acompanhamento e evolução, são frutos de um processo gradual e constante de educação e conscientização de nossos executivos, colaboradores, fornecedores e demais públicos internos e externos.

A verdade é que a era do conhecimento trouxe consigo a necessidade de uma mudança de mentalidade das empresas, dos governos e da sociedade como um todo. A economia deixou de ser baseada em propriedades materiais para ser baseada em conhecimento e propriedades imateriais. Terras e máquinas deixaram de ser os mais importantes ativos de empresas, dando lugar a pensamentos, idéias, criações e invenções. Os balanços contábeis deixaram de exibir apenas os ativos tangíveis e passaram, ainda que modestamente e em circunstâncias específicas, a mostrar os ativos intangíveis. O abstrato nunca foi tão real; o intangível nunca foi tão palpável.

Diante dessa realidade, a mudança das práticas gerenciais é também essencial para as empresas modernas, que têm diante de si o desafio de gerenciar pessoas ao invés de máquinas. As empresas necessitam dar estímulo, condições e liberdade para seus colaboradores criarem e inovarem no seu trabalho e no seu dia-a-dia. Além disso, os executivos, usualmente voltados para a maximização do lucro e a minimização dos custos, necessitam lançar um novo olhar para os ativos intangíveis e vê-los não mais como centros de despesas, mas sim como potenciais fontes de lucro para a companhia[8]. É preciso entender que propriedade intelectual é a moeda da economia do conhecimento e que a sua má gestão afeta diretamente o valor de mercado de uma empresa. Dessa forma, a gestão da propriedade intelectual configura-se hoje como mais uma das competências primordiais que um executivo necessita ter para administrar as empresas da nova era.

Os governos, por seus turnos, também necessitam fazer a sua parte, garantindo (i) sistemas econômicos estáveis, que inspirem nas empresas e nos indivíduos a certeza de que é possível investir em suas criações, e (ii) a efetiva aplicação das leis vigentes (bem como sua constante atualização), que assegurem a esses mesmos atores que seus direitos de propriedade intelectual serão efetivamente respeitados e protegidos.

A inevitável conclusão a que podemos chegar é que o momento atual pede uma sensível mudança de paradigma por parte de todos os elementos da sociedade. As culturas corporativas e governamentais, sob um prisma absolutamente global, necessitam assimilar a realidade dessa nova era e incorporar novos processos e práticas que valorizem e protejam os ativos intangíveis e os direitos de propriedade intelectual. Somente assim, asseguraremos a continuidade e o desenvolvimento sustentável de empresas e nações.

---

[8] Veja-se o exemplo da IBM que, com o licenciamento de suas patentes, passou a ter um retorno de mais de US$1,5 bilhão ao ano, conforme publicação *IP Value* 2005, da *Intellectual Asset Management Magazine*.

Propriedade Intelectual e inovação no Brasil

O *papel das universidades e a experiência da Unicamp*

Rodrigo Guerra M. e Silva,
Eduardo Machado
e Roberto A. Lotufo

1. Direitos de Propriedade intelectual, a Economia e a Inovação.

A evidência empírica sobre o papel da proteção da PI [propriedade intelectual] na promoção da inovação e do crescimento em geral continua limitada e inconclusiva. Persistem também as visões conflitivas sobre o impacto dos DPI [direitos de propriedade intelectual] nas perspectivas de desenvolvimento. (Mélendez-Ortiz, R. e Ricupero, R. *Foreword, in* Kim, 2003, vii; tradução nossa)

A noção de inovação e sua importância para o desenvolvimento econômico dos países foram reconhecidas inicialmente pelo economista Joseph Schumpeter, durante a década de 30, que identificou cinco tipos de inovação: novos produtos ou mudanças substanciais em produtos existentes (inovação tecnológica de produto); novos processos ou métodos de produção (inovação tecnológica de processo); novos mercados; novas fontes de recursos e novas organizações (Schumpeter, 1961). Vista como tal, a inovação vai além de questões tecnológicas, incluindo também o atendimento das necessidades dos clientes.

Adam Smith já afirmara que a divisão do trabalho e a ampliação do mercado estimulavam a inovação tecnológica (Landes, 1998), mas foi Schumpeter o primeiro a mostrar explicitamente a contribuição das inovações para a economia, atribuindo-lhe lugar de destaque na teoria do desenvolvimento econômico.

A importância do conhecimento e da inovação na concretização de novas possibilidades de desenvolvimento social e econômico acelerou-se a partir dos anos 50 do século passado e tem sido observado que nações que melhor se apropriam dos avanços do conhecimento e das inovações tecnológicas são as que apresentam maior crescimento econômico. A partir de 1960, começaram a surgir trabalhos que demonstravam a relação entre tecnologia e crescimento em uma base mais empírica e comparativa entre os diversos países. Dentre os trabalhos, destaca-se o estudo do Fagerberg (1988), que analisou o PIB *per capita*, os gastos em P&D como percentual do PIB e o número de patentes externas por bilhão de dólares exportado. Os resultados mostraram que existe uma relação positiva entre PIB *per capita* e atividade tecnológica, medida tanto pelos gastos em P&D quanto pelo número de patentes.

O número de patentes como indicador de produção tecnológica, apesar de amplamente utilizado, apresenta restrições a sua utilização nestes tipos de estatísticas. Não obstante a alta correlação entre número de patentes e produção tecnológica ou mesmo produtos no mercado (OCDE e Livro Verde, 2001), esta não é tão direta quanto os gráficos demonstram. Pavitt (1988), Griliches (1990), Patel e Pavitt (1995) levantaram alguns motivos para se ter cuidado com a utilização de patentes nestas estatísticas:

1. Nem todo novo conhecimento economicamente útil é codificável, há o conhecimento tácito (ex.: *know-how*), uma dimensão importante, porém não captada;

2. Nem toda inovação é patenteável, em função das exigências legais mínimas;

3. Nem toda inovação é patenteada, pois outros mecanismos podem ser considerados mais adequados pelo inovador;

4. Diferentes setores industriais possuem diferentes "propensões a patentear", ou seja, em alguns setores as patentes são mais importantes do que em outros;

5. Inovações patenteadas não necessariamente possuem o mesmo valor econômico; inovações radicais e pequenos melhoramentos tornam-se equivalentes nas estatísticas; e

6. As diferenças nacionais de legislação são importantes, o que afeta a comparabilidade internacional das patentes (mesmo o patenteamento em um único país, como os Estados Unidos, pode ser influenciado por fatores como relações comerciais, fluxos de investimentos e outros).

Este último ponto é particularmente interessante, pois existem órgãos responsáveis pela concessão de um pedido de patente em diferentes países, tais como: o USPTO (*United States Patent and Trademark Office*) para patentes e marcas depositadas no território dos Estados Unidos; o JPO (Japanese Patent Office), escritório de patentes do Japão; o EPO (European Patent Office), responsável pelas patentes da União Européia; e outros regidos por diferentes leis, regras, diretrizes e tempo para concessão (deferimento) dos pedidos de patente efetuados no território do respectivo país. No Brasil, este órgão é o INPI (Instituto Nacional da Propriedade Industrial), cujo instrumento legal é a Lei da Propriedade Industrial, n° 9.279 (LPI), de 14 de maio de 1996, que, apesar de ser considerada uma das leis mais conexas aos ditames do cenário jurídico mundial (Di Blasi, 2000), também possui diferenças explícitas em certos tratamentos de alguns tipos de matéria, quando comparada à legislação de outros países. Com isso, o mesmo número de patentes depositadas no INPI, no USPTO, na EPO ou no JPO pode ter, e geralmente tem, significados diversos, mesmo quando são consideradas apenas patentes de uma mesma área técnica.

Ou seja, apesar de todas as convenções internacionais, que pressionam pela harmonização e homogeneização dos tratamentos dados à propriedade intelectual no mundo, ainda existem alguns critérios legais ou administrativos que podem levar a resultados estatísticos diversos em diferentes países. Como exemplo, a lei brasileira encara de forma distinta da lei americana ou da lei européia matérias como invenções que envolvem seres vivos, transgênicos ou não (art. 18, inciso III e parágrafo único da LPI), materiais biológicos naturais (inciso IX do art. 10° da LPI), programas de computador em si, entre outras, até mesmo a análise do que se considera uma descoberta ou uma invenção apresenta diferenças.

Como conseqüência, o "filtro" utilizado em cada um dos diferentes órgãos responsáveis pelo registro destes ativos industriais, ao incentivar ou não o depósito pela concessão ou não destas matérias, pode modificar tanto o ímpeto de depósito de patentes nesta área quanto pode reduzir o incentivo para o desenvolvimento e efetivação das mesmas em determinado território. No entanto, até que estudos sistemáticos sejam realizados para levantar como os números de patentes depositadas foram afetados em cada um desses casos, nada se pode afirmar sobre a correlação entre estes e o esforço em ciência e tecnologia em cada área determinada.

Por outro lado, a própria literatura que levanta tais críticas (ver também Alburquerque, 1999) também assume, com tais restrições, que não há dúvida de que existe uma relação intrínseca entre investimento em P&D (*input* tecnológico), propriedade intelectual (*output* tecnológico), produção de bens de maior valor agregado e acumulação de riquezas. Uma das formas mais utilizadas pelos organismos supranacionais como OMPI — Organização Mundial do Comércio (www.wipo.org) — e OCDE — Organização para a Cooperação e Desenvolvimento Econômico — consiste em averiguar estas relações por meio da utilização de medidas de insumos tecnológicos, tais como patentes ou mesmo artigos científicos, estabelecendo indicadores da atividade em Ciência & Tecnologia (C&T) e Inovação Tecnológica de um país, de uma empresa/instituição ou de um setor tecnológico.

David Landes, historiador do desenvolvimento econômico, destaca em seu *A Riqueza e a Pobreza das Nações*, que a invenção da invenção, isto é, a sistematização do método científico e da atividade de pesquisa a partir do século XVIII, foi um dos principais ingredientes necessários para a existência de uma revolução industrial na Europa, e para o desenvolvimento que se seguiu. Esta observação está apoiada na afirmação anterior de Alfred North Whitehead de que "a maior invenção do século XIX foi a invenção do método de invenção".[1]

---

[1] Whitehead, *Science and the Modern World*, 1925, p. 98, *apud* Mowery e Rosenberg, 2005, p. 11.

Ainda hoje o mesmo cenário prevalece, tendo se tornado mais ricos os países que souberam criar um ambiente propício à criação e disseminação do conhecimento e a sua aplicação na produção. Pode ser afirmado que os países que mais investem em Pesquisa & Desenvolvimento (P&D) e que realizam uma gestão tecnológica estratégica no seu sistema de inovação têm obtido melhorias continuadas das suas condições de competitividade nos setores industriais e, mais amplamente, nos demais setores de suas economias, tornando-se não só os principais detentores dos meios de produção do sistema capitalista mundial, como também os titulares dos ativos intelectuais apropriados no mundo.

2. Gestão tecnológica

A gestão de tecnologia compreende a utilização de técnicas de administração relacionadas com a identificação, aquisição, desenvolvimento e aplicação de conhecimentos tecnológicos relevantes, objetivando maximizar o potencial da tecnologia para atingir os objetivos da organização.

No caso de empresas privadas, esses objetivos estão geralmente relacionados à redução de custos, à melhoria de desempenho dos produtos atuais, ao lançamento de novos produtos e à redução dos prazos para a introdução de inovações, para a manutenção ou ampliação de sua competitividade ou posição de mercado. Governos e organizações sem fins lucrativos também se utilizam da tecnologia para oferecer produtos e serviços de melhor qualidade, a custos mais baixos e em prazos menores para a sociedade.

Nas universidades e centros de pesquisa, a gestão de tecnologia está muito relacionada com a integração da variável tecnológica à estratégia corporativa da instituição de pesquisa em questão. A universidade, diferentemente de uma empresa ou indústria, tem como propósito fundamental o ensino, a pesquisa e a extensão. A missão, valores e objetivos decorrentes deste propósito não se remetem diretamente a nenhum processo de gestão tecnológica, de propriedade intelectual ou de inovações. Nesse contexto, torna-se primordial uma gestão específica, compatível com a realidade e as necessidades da comunidade universitária, para a qual as prioridades se encontram na formação de recursos humanos, na pesquisa e em publicações de artigos científicos, na extensão de serviços e não propriamente nas inovações tecnológicas.

Muitos países reconheceram nas últimas duas décadas do século passado, no âmbito de políticas tecnológicas dirigidas a aumentar, manter ou recuperar competitividade econômica em nível mundial, a necessidade de rever suas legislações, conceitos e práticas em relação à propriedade intelectual, notadamente na concessão de patentes. Neste contexto, foi identificada a necessidade e vantagem da instituição de uma gestão tecnológica em universidades, seguida do estabelecimento de diretivas ou estímulos legais para este fim, tendo como marco inicial principal a aprovação do Bayh-Dole Act (*Patent and Trademark Act Agreement*, PL 96-517), nos Estados Unidos, em 1980, que tornou necessária, por parte das instituições beneficiárias, a identificação e proteção (patentes) da propriedade intelectual decorrente de pesquisas financiadas com recursos governamentais naquele país. Impulsionadas, sobretudo, por tais medidas, ainda que precedidas por algumas raras iniciativas pioneiras, as universidades dos países centrais passaram a estabelecer, em suas estruturas internas, órgãos ou instâncias responsáveis pela gestão da tecnologia gerada pela pesquisa universitária. Os escritórios de transferência de tecnologia, os TTO (*technology transfer offices*), inicialmente na experiência norte-americana, expandida e diversificada por países da Europa e da Ásia, e os NIT (núcleos de inovação tecnológica), na terminologia introduzida no Brasil pela recente Lei da Inovação (2004), são exemplos dessas instâncias de gestão da tecnologia universitária.

No Brasil, o desenvolvimento profissionalizado da gestão tecnológica em universidades foi iniciado apenas nos últimos anos, como pode ser observado pelo estudo do *Projeto Inventiva* e pelo *Projeto de Estímulo à Criação e Consolidação de Núcleos de Propriedade Intelectual e Transferência de Tecnologia em Instituições de Ensino e Pesquisa Brasileira*.

O *Projeto Inventiva, Estudo de Viabilidade Técnica e Econômica da Inventiva Nacional*, desenvolvido em 1997, que contava com a coordenação da Secretaria de Tecnologia Industrial do Ministério da Indústria, do Comércio e Turismo e do INPI, tinha como objetivo realizar um estudo identificando as políticas e a infra-estrutura existentes no país junto ao setor privado, instituições tecnológicas e governo, buscando incentivar a criatividade e a inserção das invenções na cadeia produtiva, de forma a possibilitar a criação de pequenas empresas, com conseqüente geração de empregos, além de mapear a situação nacional em relação à busca da proteção legal à atividade da inventividade por estado e região, e os indicadores de inovações de acordo com as áreas tecnológicas (Cavalcanti, 1998).

O estudo, examinando os depósitos de pedido de patente realizados no INPI, no período de 1988 a 1996, observou que 49% das invenções eram de residentes (pedidos de patentes ou patentes concedidas onde o primeiro depositante/titular é residente no país ou território em questão) e 51% de não-residentes, fossem inventores individuais ou instituições. Algumas vezes é utilizado o endereço do inventor e não do depositante (definição da OMPI). Os depósitos de não-residentes referem-se, em grande maioria, a privilégio de invenção e 89% são patentes propriamente dita, sendo os 10% restantes de desenho industrial.

No caso dos pedidos dos nacionais, houve predominância de modelo de utilidade e de registro de desenho industrial com mais de 60%, ficando patentes com 37%. Centros de pesquisa são responsáveis por 1%, pessoas jurídicas por 45% e pessoa física, 3% (Cavalcanti, 1998). Se compararmos apenas patente de invenção entre residentes e não-residentes, a assimetria fica ainda mais acentuada.

Uma das características encontradas nesta época era que no Brasil havia uma predominância de pessoas físicas com 34%, menos de 1% das nossas universidades, menos de 1% dos centros de pesquisa e 15% de pessoas jurídicas.

O estudo ainda observou que 64% dos centros de pesquisa não tinham política de propriedade industrial, enquanto 29% têm só diretrizes e apenas 7% têm políticas de propriedade industrial.

Importante notar um dos resultados deste estudo indicando que, de 112 invenções das instituições tecnológicas, no período de 1988 a 1996, apenas 20 tornaram-se inovações, chegando ao mercado.

Examinando o comportamento das universidades no período de 1988 a 1996, obtiveram destaque a USP, com 73 pedidos de patentes, e a Unicamp, com 69, enquanto todas as demais universidades brasileiras somaram 22 pedidos de patentes. Nos depósitos por região, destacou-se a região Sudeste, sendo que só o estado de São Paulo respondia por em torno de 80% de depósitos, seguido da região Sul e, com bem menos pedidos, as demais regiões.

Brisiguello (1998) coloca os números otimistas acima sob uma outra visão, ao verificar que o número de pedidos de patentes nas universidades e nos centros de pesquisa brasileiros não ultrapassou a casa dos 300, mesmo completando o período para 10 anos, enquanto em um período de um ano apenas foram feitos em torno de 10.000 pedidos de patentes nas universidades americanas.

O Projeto de Estímulo à Criação e Consolidação de Núcleos de Propriedade Intelectual e Transferência de Tecnologia em Instituições de Ensino e Pesquisa Brasileira, realizado em 2002 e em parceria com o INPI, a Rede de Tecnologia do Rio de Janeiro (Redetec) e o Escritório de Interação e Transferência de Tecnologia (EITT) da Universidade Federal do Rio Grande do Sul (UFRGS), foi ainda mais fundo na questão (Ritter, 2002).

O Projeto teve como objetivo estimular e disseminar a cultura e a prática da propriedade intelectual e da transferência de tecnologia no contexto universitário. Para isso, foi realizado um mapeamento e identificação de núcleos de propriedade intelectual e transferência de tecnologia, existentes em 143 universidades brasileiras registradas nos cadastros da Andifes — Associação Nacional de Dirigentes das Instituições Federais de Ensino Superior e do Crub — Conselho de Reitores das Universidades Brasileiras.

Entretanto, o estudo só foi capaz de realizar este levantamento para 83 das 143 universidades contatadas. Destas 83, apenas 26 informaram possuir órgão ou núcleo de propriedade intelectual e transferência de tecnologia estruturado.

Segundo este estudo, a grande maioria dos escritórios foi formada na década de 90, data similar à averiguada em universidades européias. Porém, apesar de apresentar idades de implementação parecidas, todos os núcleos brasileiros mostraram possuir pouca maturidade na experiência com propriedade intelectual no âmbito das respectivas universidades, quando comparados aos dos países centrais.

Dos 26 núcleos, 14 se encontravam em universidades federais, 7 em estaduais e 5 em universidades privadas. Nove dos núcleos se encontravam na região Sul, 12, na região Sudeste, conforme o Projeto Inventiva havia levantado, 3, na Nordeste e 1 em cada uma das regiões restantes (Centro-Oeste e Norte).

Pelos dados informados ao estudo, pode-se inferir que a criação dos núcleos ocorreu de acordo com características locais e as especificidades de cada uma das instituições, encontrando-se as mais variadas designações e formas de vinculação, desde setores específicos de gestão da propriedade intelectual, vinculados diretamente à Reitoria das Universidades (2 núcleos), ou vinculados a Pró-Reitoria, de Pesquisa (14) e de Pós-Graduação (3), ou outros (3) como Pró-Reitoria de Extensão e até serviços vinculados a unidades acadêmicas.

Quanto a regulamentações internas, foi apontado que, em cerca de 60% (17) das instituições, havia preocupação sobre adotar medidas relativas à propriedade intelectual, e quase todas, 94% dessas, abordaram o assunto "patente". O que geralmente é feito utilizando instrumentos como Portarias (6 das 17) e Resoluções (9). Dentre essas 17 instituições, há 7 em que as regras não foram submetidas a aprovação do Conselho Universitário — Consun, optando-se apenas pelas Portarias administrativas firmadas pelo dirigente máximo da instituição. Embora este tipo de documento possa não apresentar a mesma força legal de um instrumento aprovado pelo conselho máximo da instituição, a opção estratégica por um ato administrativo desta natureza visa, sobretudo, a acelerar a implementação dos procedimentos necessários para colocar em prática o registro e a proteção da propriedade intelectual.

Quanto à divisão dos resultados obtidos através da comercialização de patentes, 20 universidades informaram ao estudo haver normas estabelecidas, através das quais se permite dividir com os inventores/pesquisadores os ganhos econômicos auferidos pelas instituições com o licenciamento de tecnologias e patentes.

Entretanto, a preocupação com o patenteamento dos resultados de pesquisa, segundo este estudo, passou a fazer parte da rotina universitária apenas recentemente, mas especificamente a partir da data de entrada em vigor do Decreto Federal n° 2.553, de 16 de abril de 1998, que regulamentou pela primeira vez o compartilhamento dos ganhos econômicos sobre os resultados de pesquisa, instituindo, como prêmio, o limite de 1/3 para os pesquisadores. A partir desta legislação, as universidades sentiram a necessidade de estabelecer regras internas para regulamentar as medidas dispostas no Decreto, e, com isso, um intenso trabalho de sensibilização sobre a importância do registro da propriedade intelectual tem sido desenvolvido.

No que se refere a recursos humanos, percebeu-se que os núcleos de PI das universidades não seguem um padrão quanto ao quadro de funcionários que desenvolvem as atividades dos mesmos. Notou-se que o número de funcionários não está relacionado diretamente com as atividades desenvolvidas pelo núcleo, pois muitas vezes em núcleos com muitos funcionários o encaminhamento dos pedidos de patentes é realizado totalmente por escritórios externos especializados em PI, ou diretamente pelos seus inventores. Por outro lado, chama a atenção o número expressivo de bolsistas (mais de 20%) que exercem suas atividades nos Núcleos, o que é preocupante, na medida em que os bolsistas têm uma participação eventual, limitada no tempo, prejudicando a efetiva especialização das atividades permanentes dos Núcleos e ameaçando sua continuidade.

É importante registrar que, dos 26 Núcleos, o número total de funcionários foi de 117. Entretanto, a média encontrada foi de 5 funcionários por Núcleo, nas regiões Sul, Centro-Oeste e Norte e de 4 nas regiões Sudeste e Nordeste. O número máximo de funcionários foi de 12, o que demonstra que as estruturas são relativamente enxutas no que se refere a número de funcionários.

Praticamente 2/3 dos Núcleos de PI (18) adotam meios de divulgação para informar aos pesquisadores/inventores os fundamentos do sistema de propriedade intelectual e a necessidade de se pesquisar o potencial dos resultados dos projetos de pesquisa desenvolvidos nas universidades. Os meios de divulgação mais adotados foram: Internet, palestras, seminários, manual de procedimentos, *folders* e outros.

Outro ponto muito importante é o relativo à busca de anterioridade em banco de patentes. Os dados levantados com a pesquisa apontaram que 73,1% (19) dos Núcleos de PI tomam o cuidado de fazer busca de anterioridade em bancos de patentes, principalmente em bases gratuitas disponíveis na Internet.

Somente 2 dos 26 Núcleos informaram utilizar bancos de patentes com acesso pago, e apenas 10 optaram pela busca isolada no INPI (serviço prestado pelo INPI em bases de patentes internacionais).

O estudo ainda observou que, se o desempenho das universidades no registro de patentes vinha sendo, até bem pouco tempo, inexpressivo, a atividade do licenciamento de patentes praticamente inexistia. Mesmo universidades que possuem número significativo de patentes nunca comercializaram suas tecnologias ou, se o fizeram, apresentam um desempenho muito aquém do desejável, deixando claro o perfil amador com que o tema é tratado nas universidades. De um total de 350 patentes solicitadas no país e no exterior, e de 118 patentes concedidas no Brasil e no exterior, apenas 14 foram comercializadas, envolvendo 5 dos 26 núcleos.

Os resultados deste estudo permitem inferir que a profissionalização das atividades dos Núcleos ainda é uma meta a ser alcançada, pois mesmo em Núcleos já consolidados a busca por escritórios especializados, ainda que para realizar somente parte do processo, revela uma infra-estrutura insuficiente em termos de qualificação de recursos humanos que confira segurança aos Núcleos para depositar diretamente um pedido de patente. Oito dos 26 Núcleos jamais encaminharam pedidos de patentes ao INPI; suas universidades não possuem sequer uma patente como titular.

Podemos, portanto, observar e afirmar que há uma grande diversidade de situações no campo da gestão da propriedade intelectual em universidades brasileiras, podendo vislumbrarse um cenário em que há muito a ser implementado, incluindo a estruturação de Núcleos de PI e transferência de tecnologia naquelas instituições de ensino e pesquisa brasileiras que ainda não o fizeram, a intensificação das atividades de comercialização e licenciamento de tecnologias e patentes e, finalmente, a legitimação destes Núcleos na estrutura organizacional das instituições.

3. Inovação organizacional na gestão tecnológica em universidades brasileiras

Tradicionais geradoras de tecnologias, as universidades brasileiras enfrentam uma delicada questão quando se trata de saber se devem ou não apropriar-se dos resultados alcançados e procurar obter recompensa financeira com sua exploração. O argumento mais tradicional ressalta o papel destas instituições na disseminação de conhecimentos para a sociedade. Outra corrente, porém, vem adquirindo peso ao afirmar que cabe às universidades propiciarem o melhor retorno para os recursos públicos de que dependem para realizar pesquisas. Segundo Assumpção (2000), a conseqüência desta visão de não cobrar pelos resultados obtidos está no fato de que, na realidade, estaria ocorrendo um subsídio não contabilizado aos agentes econômicos que usufruem das novas tecnologias.

No entanto, a pouca intimidade entre patentes e universidades não é uma característica brasileira. Mesmo em universidades de países desenvolvidos, engajadas desde há muito em atividades de pesquisa, ocorria uma proteção apenas esporádica para as tecnologias por elas geradas. Nos últimos 20 anos, entretanto, essa abordagem vem se modificando de forma radical. Nos EUA houve uma completa reviravolta na relação patentes-universidades, cujo cenário de hoje nada tem a ver com o de duas décadas atrás. Ocorreu não uma evolução gradual de padrões estabelecidos, mas uma ruptura com o modo de operação anterior.

Assumpção (2000) observou que as patentes requeridas de universidades norte-americanas cresceram 12 vezes entre 1980 e 1998 ou, mais precisamente, 1.050,4%. No mesmo período, a concessão total de patentes registrou o crescimento de 151,6%. Mais importante ainda, o movimento não se restringiu a um conjunto limitado de universidades. Ao contrário, todo o sistema universitário americano lançou-se ativamente na busca pela valorização de seus *portfolios* tecnológicos.

Ressalta-se que as universidades americanas não se tornaram subitamente mais criativas. Boa parte da mudança veio impulsionada por leis e regulamentos cujo sentido geral foi a transferência de poder de decisão para as entidades em que se realizam pesquisas, dando-lhes autonomia para gerir seus *portfolios* de tecnologias. O já mencionado Bayh-Dole Act teve papel fundamental em garantir controle às universidades sobre suas invenções, facilitando os mecanismos de transferência de tecnologia para a indústria.

A experiência das universidades americanas nos anos 80 e 90 demonstrou claramente a necessidade de se inovar na própria gestão tecnológica realizada no *campus* universitário. Foi observada uma postura agressiva pró-patentes de várias instituições. A universidade da Califórnia não se encontrava dentre as 10 universidades líderes em 1980, quando quatro patentes foram registradas em seu nome. Dezoito anos depois, multiplicando sua atividade patentária literalmente por cem, a universidade californiana se colocara no primeiro lugar, deixando à longa distância a segunda instituição (Universidade do Texas, com 97 patentes).

Entretanto, quais são as inovações de gestão que devem ser realizadas nas universidades brasileiras para se almejar um desempenho comparável ao do modelo norte-americano?

Que tipo de ação inovadora uma universidade deve implementar para que a sua gestão tecnológica favoreça e estimule o potencial das atividades de pesquisa capazes de contribuir para a geração de inovações tecnológicas contribuindo, assim, para a melhor formação de seus alunos e para o desenvolvimento econômico e social desejado para o país, eventualmente gerando, também, algum benefício financeiro para a sustentação parcial dessas mesmas atividades?

3.1 Mudança e inovação organizacional

"Os melhores inovadores não são gênios solitários. São pessoas capazes de tomar uma idéia que é óbvia em determinado contexto e aplicá-la de modos não tão óbvios a um contexto diferente. A melhores empresas aprenderam a sistematizar este processo."

(*Hargadon e Sutton*, 2000, tradução nossa)

A criação organizacional é fundamental para o processo de inovação (Van de Ven et al. 1999). A habilidade de uma organização em inovar é uma pré-condição para a utilização bem-sucedida das invenções e das novas tecnologias. Por outro lado, a introdução de uma nova tecnologia geralmente se apresenta como um complexo de oportunidades e desafios para as organizações, levando a mudanças nas práticas gerenciais e na necessidade de uma nova conformação organizacional. Ou seja, inovações organizacionais e tecnológicas estão mutuamente entrelaçadas (Lam, 2004, e Relatório Analítico da OCDE, 1996).

Segundo Lam (2004), a literatura existente sobre inovação organizacional é, de fato, muito diversa e não integrada em uma teoria bem definida. Várias são as definições de inovação organizacional. Mas, em um sentido geral, o termo "Inovação Organizacional" se refere a *criação ou adoção* de uma nova idéia ou novo comportamento na organização (Lam, 2004). Porém o Manual de Oslo considera que inovação organizacional na empresa significa: a introdução de estruturas organizacionais significativamente alteradas; implantação de técnicas de gerenciamento avançadas (ex.: TQM e TQS); e/ou implantação de orientações estratégicas novas ou substancialmente alteradas.

Damanpour (1991) descreve que a inovação administrativa ou organizacional deve estar envolvida com a estrutura organizacional e os processos administrativos. Sao relacionadas indiretamente às atividades operacionais e mais diretamente ligadas à gerência da organização (Moreira; Queiroz, 2007).

Entretanto, uma definição está bem clara se a mudança no comportamento da organização não gerar resultados mensuráveis; será apenas uma mudança organizacional não-inovadora (Lam, 2004).

A mudança organizacional inovadora e a não-inovadora funcionam da mesma forma que a diferença entre uma inovação tecnológica e outra tecnologia não-inovadora. Ou seja, por meio da análise da ligação que cada uma terá com o processo de mudança: a inovação tecnológica, por exemplo, é uma parte significativa da função de renovação das organizações sociais. A inovação tecnológica é um evento não-usual, durante o qual a organização social muda (pouco ou muito) o que faz e como faz (Tornatzky e Fleischer, 1990).

Por outro lado, existe uma corrente de pesquisa em inovação (Queiroz, 2007) que vê a inovação organizacional e tecnológica sobre a perspectiva dos Sistemas de Inovação. Esta perspectiva analisa como os sistemas nacionais e regionais de inovação influenciam a atividade de inovação nas instituições. O foco principal está na organização inserida em seu meio ambiente, no aprendizado interativo, na criação de conhecimento, no uso prático do conhecimento e em sua distribuição. Em particular, a infra-estrutura de conhecimento e a organização de redes entre as empresas e as instituições de conhecimento, fornecedores, clientes e outras entidades são enfatizadas nessa perspectiva (Edquist, 1997 e Freeman, 1995).

Por esta ótica, torna-se claro que entender as inovações organizacionais realizadas nos serviços de gestão tecnológica de universidades requer uma análise sistêmica do processo de criação e inovação. As universidades americanas, por exemplo, não mudaram apenas internamente, e uma mudança deste quadro nas universidades brasileiras também não depende somente de iniciativas internas.

Para Betz, uma organização só domina a variável tecnológica quando internaliza o processo de inovação tecnológica, administra profissionalmente a função de P&D e promove seu espírito empreendedor interna e externamente.

Porter (1989), ao propor seu consagrado modelo para analisar a competitividade empresarial, destaca a inovação tecnológica como fator determinante de êxito.

Na mesma linha de Porter, autores como Steele (1989) e Dussage (1992) analisam os efeitos da tecnologia sobre a estrutura da instituição (indústria, empresa, universidade ou qualquer outra instituição) e as vantagens competitivas no nível da organização, enfatizando as estratégias de liderança no custo total e diferenciação.

De fato, um ator apenas não é suficiente para induzir a tantas modificações na produção científica e tecnológica. O fenômeno observado está mais voltado a uma inovação organizacional interna para que a instituição passe a ser inserida no contexto sistêmico do meio ambiente em que se encontra. Ou seja, a mudança é realizada internamente, porém também de forma sistêmica em toda uma região, envolvendo vários passos e diferentes atores até que o processo de inovação tecnológica se complete.

3.2 Modelos de Inovação Tecnológica

A forma de inserção de uma dada instituição no sistema nacional de inovação também depende de como a sua economia está estruturada em relação a este sistema. Segundo Eva Stal (2007), existem vários modelos que explicam o processo de inovação tecnológica. O mais antigo deles é o modelo linear de inovação ou *Science Push* (Viotti e Macedo, 2003; Barbiere e Álvares, 2003). Segundo o modelo linear, o investimento pesado em ciência gera um estoque de conhecimento científico no país, o qual é então utilizado pelas empresas no desenvolvimento de novos produtos e processos, gerando riqueza e, posteriormente, desenvolvimento econômico-social.

O modelo linear estabeleceu as bases da política de C&T nos EUA, em 1945, e exerceu grande influência sobre a definição de políticas similares em vários países do mundo, que se basearam no pensamento de que a pesquisa básica deve ser incentivada para que se tenha esta oferta de tecnologia, que naturalmente seria levada para pesquisa aplicada, desta para o desenvolvimento experimental, engenharia e, enfim, à produção e lançamento comercial (demanda tecnológica).

Existe também o modelo linear reverso (*demand pull*) que considera que a inovação é estimulada pelas necessidades do mercado ou por problemas operacionais das empresas (Barbiere e Álvarez, 2003) e mostra que os conhecimentos necessários ao processo de inovação não provêm obrigatoriamente da pesquisa científica, e não apenas da prática cotidiana das próprias empresas. Neste caso, a demanda tecnológica impulsiona o processo, gerando idéias, desenvolvimento desta, engenharia e, só então, produção e lançamento comercial.

Os dois modelos podem ser considerados corretos, à medida que partem de pressupostos verdadeiros. Dependendo das circunstâncias, ambos se aplicam. Sem dúvida, as inovações são beneficiadas pelos conhecimentos acumulados em pesquisas científicas realizadas anteriormente, cujo acesso está disponível por meio de publicações. Mas também são induzidas por problemas industriais e necessidades dos consumidores.

Entretanto, eles falham justamente em sua concepção linear, insuficiente para explicar o que efetivamente ocorre no interior das organizações inovadoras.

Essa falha foi suprida por Kline (1978), em seu modelo conhecido como *elo de cadeia* ou *interações em cadeia* (ver também Kline e Rosemberg. An Overview of Innovation). Nele são enfatizadas as interações (*feedbacks*) entre as diferentes fases do processo, especialmente na base da figura, que ele denomina cadeia central de inovação. Neste modelo, a trajetória típica do modelo linear também é parcialmente representada, mas são acrescidas a ela uma série de possíveis interações com outros atores do sistema de inovação e *feedbacks* que tornam o modelo altamente complexo, podendo representar os mais variados caminhos até a inovação tecnológica.

Embora o modelo de Kline inclua aspectos fundamentais do processo de inovação, não abrangidos pelos modelos lineares, estudos posteriores chegaram a uma abordagem ainda mais complexa do processo, a partir da visão dos Sistemas Nacionais de Inovação, ao considerar que a análise dos processos de produção, difusão e uso de ciência, tecnologia e inovação deve levar em conta a influência simultânea de fatores organizacionais, institucionais e econômicos (Viotti e Macedo, 2003).

O modelo sistêmico de inovação (OECD, 1999, adaptado de Viotti e Macedo, 2003) mostra que as empresas não inovam sozinhas, mas, em geral, no âmbito de um sistema de redes de relações com outras empresas, com a infra-estrutura de pesquisa pública e privada (universidades e institutos de pesquisa), com a economia nacional e internacional, com sistema normativo, etc.

A grande maioria das invenções depositadas no USPTO (United States Patent and TradeMark Office) nunca foi introduzida no mercado (introduzida em bases comerciais). E, das mais de 1.800 inovações bem-sucedidas tabuladas por Marquis (Tushman e Moore, 1982), quase três quartos foram reportadas como iniciadas pela percepção das necessidades de mercado, apenas um quarto destas derivaram da percepção de oportunidades tecnológicas" (Kline; Rosenberg).

Constatações como esta e outras, em que apenas a produção científica ou mesmo o acúmulo do conhecimento tecnológico desprovidos de uma ligação com as necessidades de mercado não seriam suficientes para impulsionar a inovação de mercado, levaram a indagação do melhor modelo de inovação a ser instituído no sistema nacional de C&T.

Foi introduzido o modelo interativo, que institui uma grande mudança estratégica, em que o início do processo se dá no próprio mercado, o qual, mais à frente, volta a aparecer no sistema, criando um modelo cíclico e evidenciador das necessárias interações entre os diferentes atores.

As universidades americanas seguiram esta evolução e introduziram em seu modelo de gestão tecnológica este contexto de processo inovativo complexo e interativo, tornando suas atividades de C&T mais conexas com o Sistema Nacional de Inovação que estava desenvolvendo-se.

Por outro lado, a realidade brasileira ainda se apresenta dentro da concepção inicial do *Science-Push*, permanecendo em um Sistema Nacional de Inovação mais simples e sem interação entre os mais variados atores do sistema, gerando um processo de inovação descontínuo.

4. A experiência da Unicamp

Reconhecendo a importância da questão da inovação tecnológica para o país e o importante papel de atores, como as universidades, em sistemas nacionais de inovação pouco desenvolvidos, como o brasileiro, a Unicamp, a partir de 2003, decidiu instituir em seu *campus* um modelo de gestão tecnológica diferenciado dos exemplos brasileiros, porém muito similar aos encontrados em universidades de países centrais.

Esta nova gestão não teve que se focar especificamente na quantidade de patentes depositadas, pois, ao longo de sua história institucional e até o final de outubro de 2006, quando completou 40 anos de sua fundação, a universidade havia depositado cerca de 500 patentes no Brasil, 451 destas ainda vigentes ao final de outubro de 2006. No período 1999-2003, a Unicamp já se havia tornado o maior depositante de patentes (191) no Brasil, secundada pela Petrobras (177), de acordo com dados do INPI.

As primeiras patentes depositadas pela Unicamp datam de 1984. Dentre as patentes vigentes, todavia, as três primeiras foram depositadas em 1989. Nesse mesmo ano, em outubro, foi criado o seu primeiro núcleo de gestão tecnológica, o Escritório de Transferência de Tecnologia (ETT) da Unicamp.

Em 1998, o ETT foi sucedido pelo Escritório de Difusão de Tecnologia (Edistec), dando continuidade em patamar mais avançado a um esforço institucional deliberado de contribuição com a inovação tecnológica no país e de gestão e proteção, inicialmente da propriedade industrial, como definida em lei, e em seguida de acordo com o conceito mais amplo de propriedade intelectual (PI) da universidade.

Em julho de 2003, portanto, com uma carteira de projetos tecnológicos significativa para universidades brasileiras, porém ainda muito incipiente diante do mundo globalizado, a

Unicamp promoveu este novo avanço institucional, com a extinção do *Edistec* e a criação de uma agência de inovação da universidade, a *Inova Unicamp*, para atuar com uma nova amplitude no processo de inovação.

A motivação fundamental desta iniciativa foi a de organizar e focar a participação da universidade na realização de políticas e objetivos públicos voltados para o desenvolvimento tecnológico, econômico e social. Outra motivação, não menos relevante, consistiu na expectativa de fertilização e atualização permanente da pesquisa e do ensino universitário. Um dos objetivos permanentes é desenvolver novas formas de apoio institucional à disseminação e incorporação da competência e de resultados da pesquisa acadêmica a projetos e ações de cooperação com a indústria, com foco na inovação de produtos e processos e no aumento da competitividade do país em nível mundial. O objetivo estratégico fundamental, no entanto, é preservar, atualizar e expandir a competência científica e de pesquisa residente na universidade pelo influxo seletivo de projetos cooperativos com organizações públicas e privadas e com empresas, brasileiras ou internacionais, especialmente as de alta tecnologia. É neste setor que se têm acumulado, em todo o mundo, evidências da continuada importância e participação das universidades nos processos e nas cadeias de inovação.

Nos três anos de gestão desta agência, alguns resultados promissores foram obtidos: 128 contratos foram efetivados; 46 patentes foram licenciadas para 21 diferentes empresas; 170 novos pedidos de patentes foram depositados somente do início de 2004 até o fim de 2006; em 2005 obteve-se um recorde histórico de patentes depositadas em apenas um ano, com 65 depósitos; ainda foram realizados pela nova gestão (julho de 2003 ao fim de 2006) 28 do total de 57 registros de marca e 30 dos 70 de programas de computador pertencentes à Unicamp; 10 empresas foram graduadas de sua incubadora;

e foi formada uma carteira de clientes para envio de "mala direta" de cerca de 10 mil instituições.

O ano de 2004 encerrou-se com um histórico de 341 patentes depositadas pela Unicamp e 15 contratos de licenciamento de 29 patentes, sendo os totais correspondentes para esse ano, respectivamente, de 51 depósitos, 10 licenciamentos e 22 patentes licenciadas. Os números finais de 2005 acrescentaram aos totais anteriores 65 patentes depositadas, tendo sido 18 licenciadas por meio de contratos com 8 diferentes empresas. Em 2006, outras 55 patentes foram depositadas e assinados dois contratos de licenciamento, envolvendo duas patentes. Até o final de 2006, a Unicamp totalizou 12 tecnologias que mereceram o esforço de depósito internacional. A grande maioria utilizou do PCT para iniciar este processo, e o número de patentes internacionais correspondentes cresce a cada dia.

Todos estes resultados foram conquistados sem que tenham sido perdidas de vista a missão e a contribuição social fundamental da universidade, que continua sendo o ensino e a pesquisa, ou seja, a produção e a disseminação do conhecimento e, de forma integrada a este, a formação e inserção social de pessoal qualificado. Em outras palavras, a obtenção de objetivos e metas como estes não poderiam vir em detrimento do papel da universidade, do pesquisador ou mesmo dos alunos da universidade. Mas, sim, auxiliar que esta relação com o setor privado e com o mercado de forma geral propiciasse uma formação ainda mais ímpar no ensino superior brasileiro, preparando ainda mais os docentes e discentes a uma futura inserção de mercado, levando com eles a cultura da inovação absorvida na sua formação universitária.

A gestão da propriedade intelectual e a prospecção sistemática de oportunidades de aportar a capacitação universitária às cadeias produtivas, dentro de um sistema nacional ou internacional cooperativo de inovação, foram incorporadas, em novo patamar, à missão e às estratégias institucionais da Unicamp. Na sociedade do conhecimento e no setor de alta tecnologia, o conhecimento científico e a pesquisa acadêmica crescem em importância na cadeia social de pesquisa, desenvolvimento e inovação, aproximando a produção inovadora da universidade dos elos finais da realização e incorporação econômica e social da inovação.

A nova agência contou com os servidores públicos internos da Unicamp e com profissionais de mercado, formando um equilíbrio determinante e inovador na sua organização, propiciando uma atitude mais arrojada e pró-ativa no processo de tomada de decisão, principalmente ao que se refere à busca de parcerias, à solução de problemas jurídicos e à qualificação do *portfolio* de patentes da instituição.

Atitudes estas que facilitaram a interação com os outros atores do sistema nacional de inovação e estabelecem hoje a agência como um modelo a ser seguido pelos outros NIT — Núcleos de Inovação Tecnológica, nome dado pela Lei de Inovação, após obrigar a criação de um destes núcleos em cada instituição de C&T do Brasil.

5. Conclusão

O deslocamento do paradigma de sociedade industrial para sociedade do conhecimento coloca no centro da discussão o conhecimento e sua gestão como fatores relacionados à capacidade competitiva de empresas e países.

A proteção do conhecimento na universidade — incontestável fonte geradora de conhecimento — é tema que merece reflexão e urge ser discutido, sob risco de a universidade perder o reconhecimento público de que ela produz resultados positivos para a sociedade (Fujino; Stal; Plonski, 1999).

A intensidade do processo de transformação do conhecimento gerado na universidade em produtos e processos que beneficiem a sociedade depende da política de proteção do conhecimento vigente na universidade (Fujino; Stal; Plonski, 1999).

As políticas de patentes das universidades tanto refletem como determinam a atitude da administração e de seu corpo docente em relação às formas de transferência dos resultados da pesquisa para a sociedade. Um exame das políticas formais e dos procedimentos e práticas informais de uma universidade pode revelar o grau de sofisticação com que ela lida com a propriedade intelectual e como ela trata a transferência de tecnologia (Matkin, 1990).

É verdade que a prática do exercício das atividades de C&T com o caráter profissional pertinente é uma aquisição muito recente no Brasil. De fato, isto só veio a ocorrer com as características internacionais, que hoje experimentamos no Brasil, ao longo das últimas quatro décadas. Isto é, no período coberto pela implantação do nosso reconhecido programa de pós-graduação, executado com eficiência a partir dos meados da década de 60 nas universidades e nos melhores centros de pesquisa brasileiros.

Porém também é verdade que, frente ao potencial de nossas universidades, pouco tem sido obtido por estas, mesmo com esforços, ainda sem o desejado respaldo institucional e político, em prol de um desenvolvimento de inovações tecnológicas, que são entendidas como: *"(...) a introdução no mercado de um produto (bem ou serviço) tecnologicamente novo ou substancialmente aprimorado ou pela introdução na empresa de um processo produtivo tecnologicamente aprimorado ou novo. A inovação tecnológica pode resultar de novos desenvolvimentos tecnológicos, de novas combinações de tecnologias existentes ou da utilização de outros conhecimentos adquiridos pela empresa"* (Rezende e Tafner, 2005, p. 45).

Segundo esta definição, fica claro que a inovação não depende de um processo evolutivo partido do zero, iniciado e construído sem ajuda ou auxílio dos que já realizaram estes esforços. Muitas vezes uma empresa ou instituição inovam simplesmente por adotar medidas já bem-sucedidas em outras instituições, concorrentes ou não.

Na inovação organizacional isso também é verdadeiro, e os modelos a ser copiados e adaptados estão cada vez mais perto dos países periféricos. Experiências como da Inova Unicamp demonstram que fazer inovação tecnológica em países com um sistema ainda imaturo de inovação é possível, atingindo inclusive resultados competitivos semelhantes aos das instituições de países centrais.

Referências Bibliográficas

ALBUQUERQUE, E. M. *Patentes Domésticas: Avaliando Estatísticas Internacioanais para Localizar o Caso Brasileiro*. Belo Horizonte: UFMG/Cedeplar, 1999.

ASSUMPÇÃO, E. *Universidades Brasileiras e Patente: Utilização do Sistema nos Anos 90*. Instituto Nacional da Propriedade Industrial, 2000.

BARBIERI, J. C.; ÁLVAREZ, A. C. T. *Inovações nas organizações empresariais*. In: BARBIERI, J. C. (org.) Organizações Inovadoras — estudos e casos brasileiros. São Paulo: FGV, 2003.

BETZ, F. Strategic *Technology Management*. Nova York: McGraw Hill, Inc., 1993.

BRISIGUELLO, S. M. *Desdobramentos do Projeto Inventiva Workshop "Políticas de Propriedade Intelectual, Negociação, Cooperação e Comercialização de Tecnologia em Universidades e Instituições de Pesquisa: Análise e Proposições*. Rio de Janeiro: Rede de Tecnologia / ABIPTI, 1998.

CAVALCANTI, A. R. H. O Projeto Inventiva. Workshop "Políticas de Propriedade Intelectual, Negociação, Cooperação e Comercialização de Tecnologia em Universidades e Instituições de Pesquisa: Análise e Proposições. Rio de Janeiro: Rede de Tecnologia/ABIPTI, 1998.

CHAMAS, C. I. Regulamentação da Proteção da Tecnologia: Estados Unidos e Europa. Workshop "Políticas de Propriedade Intelectual, Negociação, Cooperação e Comercialização de Tecnologia em Universidades e Instituições de Pesquisa: Análise e Proposições". Rio de Janeiro: Rede de Tecnologia / ABIPTI, 1998.

CIÊNCIA TECNOLOGIA E INOVAÇÃO: Desafio para a sociedade brasileira — Livro Verde. Brasília: Ministério da Ciência e Tecnologia / Academia Brasileira de Ciências. 2001.

DAMANPOUR, F. Organizational innovation: a meta analysis of effects of determinants and moderators. Academy of Management Journal, n. 34, p. 355-390, 1991.

DE JONG, J.P.J. et al. Innovation in service firms explored: what, how and why? EIM Business and Police Research. Strategic Study B200205. Zoetermeer, jan. 2003.

DI BLASI, G.; Garcia, M. S.; Mendes, P. P. M. A Propriedade Industrial: Os sistemas de marcas, patentes e desenhos industriais analisados a partir da lei 9.279 de 14 de maio de 1996. Ed. Forense, Rio de Janeiro. 332p, 2002.

EDQUIST,C. Systems of innovation approaches — their emergence and characteristics. In: EDQUIST, C. (Ed.) Systems of Innovation. Londres: Pinter, 1997.

FAGERBERG, j. Why growth rates differ. In: DOSI, G. et al. Technological change and economic theory. Londres: Pinter, 1988.

FREEMAN, C. The national systems of innovation in historical perspective. Cambridge Journal of Economics, v. 19, n. 1, p. 1-19, 1995.

FUJINO, A.; STAL, E.;PLONSKI, G. A. A proteção do conhecimento na universidade. Revista de Administração, São Paulo v. 34, n. 4, p. xx-yy, outubro/dezembro 1999.

GALLOUJ, F; WEINSTEIN, O. *Innovation in services. Research Policy*, n.26, p. 537-556, 1997.

GRILICHES, Z. (1990) Patent statistics as economic indicators: a survey. *Journal of Economic Literature*, v. 28, Dec.

HARGADON, A.; SUTTON, R. I. *Building na Innovation Factory. Harvard Business* Review. 2000.

INNOVATION *manual: Proposed guidelines for collecting and interpreting innovation data (Oslo manual)*. Paris: OECD, Directorate for Science, Technology and Industry, 1992.

KIM, L. *Technology transfer &Intellectual Property Rights. The Korean Experience*. Geneva: ICTSO and UNCTAD, Issue paper n° 2, 2003.

KLINE, S. J. *Innovation is not a linear process. Research Management*, v. 28, n. 4, p. 36-45, jul./ago. 1978.

KNIGHT, K. *A descriptive model of the intra-firm innovation process. Journal of Business*, p. 479-496, out. 1967.

LAM, A. *Organizational Innovation. BREZE School of Bussiness and Management*. Brunel University, 2004.

LANDES, D. S. *A Riqueza e a Pobreza das Nações*. Rio de Janeiro: Campus, 1998.

LANDES, D. S. *The unbound Prometheus. Technological change and industrial development in western europe from 1750 to the present*. 2. ed. Cambridge: Cambridge University, 2003.

LEI *Bayh-Dole* (P.L. 96-517).

LEI DA PROPRIEDADE INDUSTRIAL. *Lei n° 9.279 de 14 de maio de 1996. Regula direitos e obrigações relativos à propriedade industrial*. Ministério da Industria, do comércio e do turismo / INPI.

MOWERY, D. C.; ROSENBERG, N. *Trajetórias da Inovação*. Campinas: Editora Unicamp, 2005.

MOREIRA, D. A.; QUEIROZ, A. C. S. *Tipos de Inovação. In: Inovação Organizacional e Tecnológica*. São Paulo: ThomsonLearning, 2007.

OECD. Frascatti Manual. Paris: OCDE, 1993 / *Oslo Manual*. Paris: Eurostat, 1997 / Managing national innovation systems. Paris, 1999.

PATEL, P.; PAVITT, K. (1994) National innovation systems: why they are important, and how they might be measured and compared. Economics of Innovation and New Technology, v. 3, n. 1, p. 77-95.

PATEL, P.; PAVITT, K. (1995) Patterns of technological activity: their measurement and interpretation. In: STONEMAN, P. (ed.) Handbook of the Economics of Innovation and Technological Change. Oxford: Blackwell.

PAVITT, K. (1988) Uses and abuses of patent statistics. In: VAN RAAN, A. F. J. (ed.) Handbook of Quantitative Studies of Science and Technology. Amsterdam: North Holland, 1988.

PORTER, M. E. Tecnologia e vantagem competitiva. In: Vantagem Competitiva: criando e sustentando um desempenho superior. Rio de Janeiro: Editora Campus, 1989.

Research and Development Statistics (formerly Basic Science and Technology Statistics: 2005 Edition); Main Science and Technology Indicators (MSTI): 2006/2 edition.

REZENDE, F.; TAFNER, P. (orgs.) Brasil: o estado de uma nação. Brasília: Ipea, 2005.

RITTER, M. E.; Rossi, A. l. Projeto de Estímulo à Criação e Consolidação de Núcleos de Propriedade Intelectual e Transferência de Tecnologia em Instituições de Ensino e Pesquisa Brasileira. Porto Alegre, 2002.

SCHUMPETER, J. A. Capitalismo, Socialismo e Democracia. Rio de Janeiro: Fundo de Cultura. 1961.

STAL, E. Inovação tecnológica, Sistemas Nacionais de Inovação e Estímulos Governamentais a Inovação. In: Inovação Organizacional e Tecnológica. São Paulo: Thomson Learning. cap. 2, p. 33-36, 2007.

STEELE, L. Managing Technology: the strategic view. Nova York: McGraw-Hill, 1989.

STOLLENWERK, M. F. L. Gestão Estratégica de Projetos Biotecnológicos. Gestão Biotecnológica: Alguns Tópicos, cap. 1, p.17-34.

SUNDBO, J. *Management of innovation in services. The Service Industries Journal*, v. 17, n. 3, p. 432-455, jul. 1997.

TETHER, B.S. *The sources and aims of innovation in services: variety between and within sectors. Econ. Innov. New Techn.*, v.12, n.6, p. 481-505, dez. 2003.

TORNATZKY, L.G.; FLEISCHER, M. *The processo of technological innovation. Lexington Books*, 1990.

VAN DE VEN, A.; POLLEY, D., GARUD, S., VENKATARAMAN, S. *The Innovation Journey.* Nova York: Oxford Univ. Press. 1999.

Impresso em offset nas oficinas da
FOLHA CARIOCA EDITORA LTDA.
Rua João Cardoso, 23 – Rio de Janeiro-RJ
CEP 20220-060 – Tel.: **2253-2073** - Fax.: **2233-5306**